AF591488

POESÍA EN EL ROMANTICISMO español

José de Espronceda, Gustavo Adolfo Bécquer
Rosalía de Castro y otros

Teoría y Actividades para el aula

Emérita Moreno Pavón

ISBN: 978-1-84753-644-0

Depósito Legal: BA-515-07

Fotografía de la portada: Mar de nubes en los Picos de Europa

Editorial Lulu Enterprises

26-28 Hammersmith Grove

London W6 7BA

Impreso en España - Printed in Spain

Publicaciones Digitales, S.A.

C/ San Florencio, 2. 41018 Sevilla.Spain

ÍNDICE

INTRODUCCIÓN

En numerosas libros, enciclopedias, en páginas Web, podemos hallar información sobre el Romanticismo. Luego se preguntarán ¿por qué presentarla como un libro?. Lo que normalmente encontramos son libros de texto con vagas indicaciones históricas, otras- como es el caso de las Historias de la Literatura - con estudios muy pormenorizados, o bien de obras en concreto o de autores.

Pretendiendo que sea una ayuda al estudiante de enseñanza secundaria y bachillerato, me he decido a transmitir, de una manera clara y sencilla, conocimientos de literatura pero sin dejar de lado las obras y los hechos históricos que envuelven a las mismas. En esta obra trata exclusivamente el Romanticismo y su poesía, centrándonos en los tres autores más destacados: Espronceda, Bécquer y Rosalía de Castro,...

Uno de los puntos de especial interés del libro es el que atañe a las actividades para el aula donde se proponen una serie de lecturas de obras de los autores tratados y de ejercicios que permiten realizar el posterior análisis de los textos propuestos a realizar por el alumno.

1. ORÍGENES DEL MOVIMIENTO ROMÁNTICO

El romanticismo es un movimiento cultural y político que tuvo su apogeo en la primera mitad del siglo XIX y que afectó a los países europeos y americanos. Impregnó poco a poco todas las esferas de la vida:

- **La cultural** :

Sustituye al racionalismo de la Ilustración y al neoclasicismo posterior (siglo XVIII) por la predilección por la fantasía, la imaginación y el sentimiento. La consigna de los románticos es la *libertad* en todos los órdenes de la vida

- **La política** :

La consigna de libertad aplicada a la política fue entendida de dos maneras distintas:

(a) Romanticismo tradicional o conservador

Se aboga por la restauración de los valores ideológicos tradicionales, patrióticos y religiosos que habían deseado anular muchos racionalistas dieciochescos. Exaltan así el Cristianismo, el Trono y la Patria como valores supremos.

Sus principales representantes son Schlegel en Alemania, Walter Scott en Inglaterra, Chateaubriand en Francia, Manzoni en Italia y el duque de Rivas y Zorrilla en España.

(b) Romanticismo liberal o progresista

Representa los valores más progresistas y revolucionarios. Podemos destacar a Lord Byron en Inglaterra, Víctor Hugo y Alejandro Dumas en Francia, Larra y Espronceda en España.

Los orígenes del Romanticismo literario se remontan a la Inglaterra de mediados del siglo XVIII, en la que autores como Edward Young, James Thompson, Samuel Richardson y Thomas Gray dieron prioridad al poder de la imaginación, a la melancolía, a la soledad y a la poesía primitiva y popular.

Pero aunque la semilla del Romanticismo brotara en suelo inglés, desde el punto de vista ideológico hay que destacar la influencia que ejercieron los filósofos alemanes Kant, Schelling, Herder y Schopenhauer, sobre escritores, jóvenes entonces, que constituyeron el movimiento literario *"Sturm und Drang"* ("tormenta e impulso) que constituye la vertiente alemana del prerromanticismo europeo y abarcó de 1767 a 1785. Este movimiento se caracterizó por su individualismo dinámico y culminó en los tres grandes autores alemanes Lessing, Schiller y Goethe.

Frente a los fríos modelos del Neoclasicismo de origen francés, el Sturm und Drang estableció como fuente de inspiración el sentimiento en vez de la razón y tuvo como modelos las obras de William Shakespeare y Jean-Jacques Rousseau. Basándose en las ideas de

Kant, los escritores alemanes del "Sturm und Drang" establecen los siguientes postulados:

- La belleza no es ni la verdad, ni lo útil, ni lo placentero, ni la moral; la belleza es el placer desinteresado, lo sublime que no persigue ningún fin.

- El artista conseguirá esa sublimidad por medio de la imaginación, que le hará ser clasificado de genial. Nace así el concepto de "*genio romántico*".
- Para llegar a la genialidad, que le permitirá alcanzar esa sublimación de la belleza, el individuo ha de actuar en plena libertad

Mientras tanto, Francia seguía anclada en su Clasicismo; además, a causa de su Revolución (1789-1799), aún no había experimentado la evolución literaria que ya se imponía en Alemania. Fue la escritora Madame de Staël quien, después de visitar Alemania y trabar relación con los hermanos Schlegel, (considerados unos de los fundadores del Romanticismo) dio difusión a los principios establecidos por éstos sobre los que debía basarse la creación romántica:

- Vuelta a la Edad Media y a los ideales medievales con su concepto del amor y sublimación de la amada.
- Resurrección de la poesía feudal y caballeresca.
- Anticlasicismo en oposición al siglo anterior.
- Exaltación de lo fantástico.
- Abundancia de pasión e idealismo
- Admiración hacia todo lo exótico y deseo de evadirse a mundos lejanos.
- Reivindicación de la poesía popular.

2. *CARACTERÍSTICAS GENERALES DEL ROMANTICISMO*

---

(1) Irracionalismo

- Se niega que la razón pueda explicar por completo la realidad, la cual es en esencia cambiante, caótica.

- Este rechazo a lo racional les hace preferir temas como lo sobrenatural, lo mágico, lo misterioso. lo exótico(Oriente, la Edad Media, ...)

(2) Subjetivismo

- Como la razón tiene sus límites, son necesarias otras formas de conocimiento. Para los románticos estas formas son: la intuición, la imaginación y el instinto.
- Debido a esto, se destaca la importancia de las emociones, sueños, que permiten bucear en el inconsciente.

(3) Idealismo

- En sintonía con la filosofía de Kant, se busca la libertad, el progreso y la belleza. El idealismo dice: "La realidad es causada por las ideas de la mente humana. No hay realidad independiente de la mente humana".
- El héroe romántico aspira a ideales absolutos: el amor, la justicia, la libertad, la gloria.

(4) Individualismo

- Afirmación del yo, lo que les conduce al aislamiento y a la soledad.
- En las obras, el artista muestra sus sentimientos, sus emociones, que expresan su insatisfacción con el mundo.
- Los artistas exploran el mundo interior del ser humano (los sueños, el subconsciente, el «yo».

(5) El genio creador

- El artista ya no es el artesano que elabora y pule pacientemente sus obras.
- Ahora es el arte el que se convierte en la forma de expresión del genio que el artista lleva dentro.

(6) Inseguridad radical

- El haber perdido su confianza en la razón, provoca una inseguridad e insatisfacción.

- Sin embargo, esa desazón son al mismo tiempo motores de la creación artística en la búsqueda de respuestas y soluciones a sus dudas.

(7) Desengaño

- El choque entre el yo romántico y la realidad no da satisfacción a sus anhelos y esto le produce un hondo desengaño que lo llevan a rebelarse contra todas las normas morales, sociales políticas o religiosas.

(8) Soledad

- Huida de la realidad mediante el refugio en sí mismo.
- Esto justifica la preferencia por ambientes solitarios, parajes apartados y recónditos, mundos lejanos o exóticos.

(9) Evasión

- Para escapar de este mundo en que no encuentra cabida su idealismo, opta por escapar de esta realidad, escapándose en sus obras a lugares lejanos y exóticos.
- Otra forma de evasión es el recurso del suicidio, que puso de modo la obra de Weather de Goethe (y no sólo en los personajes literarios)

(10) Nacionalismo

- El sentimiento nacionalista se alía con el fervor por lo pasado. Ven en la Edad Media las raíces de los países europeos y allí se van a buscarla.

(11) Naturaleza dinámica

- La naturaleza romántica se presenta en continuo movimiento y conmoción y no de una manera calmada y tranquila, como era costumbre en el Neoclasicismo.
- a naturaleza tiene alma y vida, y refleja el estado de ánimo del poeta: aparece melancólica y triste en lugares solitarios, o angustiosa y amenazadora en paisajes tenebrosos.

(12) Nueva sensibilidad

- Se sitúa en primer a la intimidad; de ahí que resulten de vital importancia la introspección, la nostalgia, la tristeza y la soledad.

- Se extiende el sentimiento de fugacidad e infelicidad de la vida humana.

3 DIFUSIÓN DEL ROMANTICISMO EN ESPAÑA.

En España, el Romanticismo entró, como tantas corrientes culturales, con retraso cronológico debido principalmente a las situaciones político-bélicas que acontecieron en España desde comienzos del siglo XIX como fueron la guerra de la independencia contra la Francia napoleónica (1808-1814) y la restauración de la monarquía absolutista en la persona de Fernando VII.

No obstante, teniendo en cuenta que no podemos desligar la vida política y social de la literatura, vamos a realizar un resumen de los acontecimientos más destacadas de la España del Siglo XIX centrándonos principalmente hasta la década de los 60 donde ya podemos considerar al Realismo como movimiento literario en plena madurez.

1808-1814

- A partir de la resistencia del pueblo madrileño contra los invasores franceses, comienza la guerra de la Independencia.

- Durante la guerra, las Cortes reunidas en Cádiz elaboran y promulgan (marzo de 1812) una innovadora constitución de corte liberal.
- La vigencia de la constitución finaliza en 1814, una vez derrotadas las tropas napoleónicas, al regreso de Fernando VII.

1814-1820

- Primer periodo absolutista del reinado de Fernando VII que se distingue por el encarcelamiento o el exilio de los liberales convictos

1820-1823

- Pronunciamiento del general Riego que da paso al denominado "trienio liberal" donde Fernando VII acepto los preceptos de la constitución de 1812.
- Los partidarios liberales, mal avenidos entre sí, son objeto de la vigilancia y oposición de los realistas. El rey pidió ayuda a la Santa Alianza que, con los Cien Mil Hijos de San Luis, instaura de nuevo el absolutismo con el consecuente exilio de los liberales.

1823-1833

- Es la conocida como "década ominosa" caracterizada por un ambiente de recelo y censura desaforada. Fusilamiento de Torrijos en 1831.

1833-1843

- Muerto Fernando VII comienza la década de regencias con la reina María Cristina de Borbón, esposa de Fernando VII y madre de Isabel II, desde 1833 hasta 1840 y del general Espartero de 1840 a 1843.

- La regente María Cristina dispuso un decreto de amnistía general que permitió a muchos de los detenidos por ideas políticas y a los llamados «afrancesados» salir de la cárcel o regresar a España desde el exilio. Durante su regencia se produjo la primera de las tres guerras carlistas donde destacó un general, cercano a la regente, Espartero.

- En 1840, debido a la situación política existente (revolución liberal progresista de Septiembre), se produce la abdicación de la regente y, ante la minoría de edad de Isabel II, las Cortes encargan al general Espartero la regencia. Esta es la primera vez que el gobierno de España es ocupado por un militar.

- El general Espartero era un liberal progresista. Su regencia duró hasta el año 1843 y estuvo rodeada de continuos conflictos; tuvo que exiliarse hasta 1849.
- En 1843, las Cortes declaran mayor de edad a Isabel II comenzando su reinado

1843-1868

- Durante estos 25 años se produce el reinado de Isabel II. En su comienzo, el Partido Moderado, bajo el liderazgo del general Narváez, dominó la escena política durante los diez primeros años (1844-1854), estamos ante la denominada "Década Moderada".

  El Gobierno moderado se ejerció de forma restrictiva y exclusivista, obligando a los progresistas, marginados del poder a recurrir a la vía de los pronunciamientos militares y algaradas callejeras, para forzar un cambio político y acceder al Gobierno. Entre 1846 y 1849 se produce la segunda guerra carlista.

- Entre los años 1854 y 1868, la vida política disfrutó de un intervalo de relativa tolerancia y conciliación gracias al entendimiento de los dos principales generales-políticos, Espartero (progresista) y O'Donnell (conservador) durante el denominado "bienio progresista" (1854-1856) y al gobierno del partido de la Unión Liberal, fundado por O'Donnell, que se hizo prácticamente cargo del gobierno hasta la revolución de 1868 ("La Gloriosa") que obliga a la reina a exiliarse a Francia.

1868-1874

- Estos seis años son conocidos como el "sexenio democrático". Durante ellos se conoció una monarquía constitucional (Amadeo I de Saboya desde 1871 hasta 1873), una república federal (I República Española, desde 1873 hasta 1874) y una república unitaria presidencialista (golpe de estado de Pavía y gobierno del general Serrano desde enero a diciembre de 1874).

- El 29 de diciembre de 1874 se produce la restauración de los Borbones gracias al pronunciamiento militar del general Martínez Campos en Sagunto proclamando rey de España a Alfonso XII.

1875-1902

- Reinado de Alfonso XII hasta su muerte en 1885. Regencia de la reina María Cristina de Habsburgo-Lorena durante la minoría de edad de Alfonso XIII

Mucho antes de que la literatura propiamente romántica viera la luz en España, se hicieron varias tentativas para difundir las teorías de los hermanos Schlegel (Augusto y Federico), que veían en el teatro de Calderón de la Barca el arquetipo de una literatura nacional cristiana. Sin embargo, para los progresistas, este primer romanticismo aparecía demasiado como una reacción contra el espíritu de la Ilustración.

- En 1814, el cónsul alemán en Cádiz, Juan Nicolás Böhl de Faber (padre de Fernán Caballero) publicó un artículo titulado "Reflexiones de Augusto Schlegel sobre el teatro" donde realizaba una defensa de unas ideas favorables a la libertad del dramaturgo en la elección y tratamiento del asunto sin que se viera obligado a cumplir las unidades de lugar, acción y tiempo propias del teatro neoclásico del siglo XVIII. Estas ideas fueron combatidas por dos jóvenes liberales, José Joaquín de Mora y Antonio Alcalá Galiano, para quienes el neoclasicismo representaba todavía el progreso de la literatura.

- En 1823 es fundado en Barcelona el periódico “El Europeo”. Esta revista recomendaba un romanticismo armonizador y no excluyente, con los ojos vueltos hacia la Edad Media y al cristianismo. Sus ídolos extranjeros eran Chateaubriand, W.Scott y Manzoni.

- En 1828, el erudito Agustín Durán escribió un ensayo (*El Discuro*) a cerca del teatro español que estaba en la órbita de otras obras teóricas coetáneas:

  Cartas sobre las tres unidades, del italiano Manzoni; Prefacio escrito por Víctor Hugo para su drama *Cromwell* (1823); Trabajos de los hermanos Schlegel

  Entre 1828 y 1932, Durán publica el *Romancero Viejo* de claro signo romántico.

Al cerrarse el trienio liberal (1820-1823), los escritores exiliados (Martínez de la Rosa, Alcalá Galiano, Saavedra, Espronceda,...) marchan de España aún imbuidos de espíritu neoclásico, pero toman contacto en Europa con las ideas románticas bien en su versión tradicionalista o bien en su versión progresista. Con ellos penetra el Romanticismo de una manera resuelta en España cuando regresan a la muerte de Fernando VII en 1833.

Hacia 1835, el Romanticismo alcanza su máximo apogeo en España, pero su victoria no fue total ya que hubo escritores que no se "riendieron".

El apogeo del Romanticismo en España fue corto; entre 1835 y 1840 va imponiéndose un espíritu moderado y conciliador entre los diversos movimientos culturales en el que acaba por disolverse la furia inicial. Además, el objetivismo no fue completamente vencido y vino a reforzarlo, hacia 1850, otra moda literaria surgida en Francia: el Realismo.

Como vemos, el apogeo romántico fue muy breve. Ahora bien, hay que destacar por su gran importancia el rebrote que experimentó en poetas como Gustavo Adolfo Bécquer y Rosalía de Castro y dramaturgos como Echegaray (primer español en recibir el premio Nobel en 1904).

4. LA POESÍA ROMÁNTICA. CARACTERÍSTICAS GENERALES

La poesía es, junto con el teatro, el género literario más cultivado en el Romanticismo y, sin lugar a dudas, el más idóneo para expresar la sensibilidad de los artistas de este movimiento. La lírica es el cauce natural para la expresión de los sentimientos, por ello fue cultivada desde muy temprano por los poetas románticos, que intentan descubrir e interpretar el alma del universo y comunicarlo en sus poemas.

Durante la primera mitad del siglo XIX, la poesía reflejaba bien el proceso de transición de la estética neoclásica hasta la romántica; encontramos figuras de líricos de inspiración ilustrada, como Alberto Lista o Manuel José Quintana.

Como en los demás géneros literarios, el triunfo de la poesía romántica se produce en los años treinta, tras la muerte de Fernando VII. Se compusieron desde entonces numerosísimos textos poéticos que siguieron difundiéndose por la tradicional vía oral (actos solemnes, recitados en tertulias, conmemoraciones, lecturas privadas, coplas de ciego) y por los habituales medios escritos (pliegos sueltos, libros, manuscritos).Además, la poesía encuentra un nuevo medio de difusión: los periódicos y revistas que atestiguan el interés por la poesía de la incipiente burguesía.

Las características que definen la poesía romántica son las siguientes:

- **Individualismo**

  El poeta romántico afirma su «yo» en sus ansias de libertad y rebelión frente al mundo en el que vive. Libertad en la política, en la moral, en el arte.

  Esta actitud se manifiesta en una intensa subjetividad que le lleva con frecuencia a refugiarse en su mundo, en sus sueños e imaginaciones. La soledad es uno de los temas recurrente

- **Predominio de los sentimientos frente a la razón**

  El poeta romántico anhela lo absoluto, lo ideal. La razón no basta para comprender el misterio de la realidad y se vuelca en sus sentimientos y estados de ánimo (ilusión, tristeza, desolación), expresados con vehemencia y que encuentran en el amor, siempre apasionado, su principal motivo

- **Obsesión por la muerte y el desenlace trágico**

El fracaso existencial o amoroso produce en el artista romántico un estado de insatisfacción, angustia y abatimiento. El choque entre la realidad y el deseo desemboca a veces en el suicidio o en una muerte prematura.

- **Naturaleza agresiva y violenta, y ambientes lúgubres**

Las montañas agrestes, los despeñaderos, las cataratas, el mar embravecido, el paisaje crepuscular, los cementerios y las ruinas son escenarios habituales en la poesía romántica. Sobre ellos proyecta el poeta sus sentimientos exaltados

- **Huída en el espacio y en el tiempo**

Insatisfecho con el mundo que lo rodea, el poeta dirige su imaginación a espacios lejanos: A Oriente, Arabia y Asia, que le sugieren notas de color y sensualidad, y a los países nórdicos que lo trasladan a un mundo legendario y misterioso.

En el tiempo, sus ojos se vuelven hacia la Edad Media, época de héroes, caballeros y trovadores.

- **Valoración de lo nacional**

Se valoran los aspectos propios y diferenciales de cada pueblo. Es la época de los nacionalismos y de la afirmación de lo regional. En España, además de la literatura castellana, también se escriben obras en gallego (Rosalía de Castro), catalán (Renaixença: Bonaventura Carles Aribau, Jacinto Verdaguer) y euskera.

- **Polimetría**

El rechazo a las reglas establecidas se manifiesta en las formas métricas, pues se utilizan y combinan estrofas diferentes y versos de distinta medida.

- **Expresividad**

El lenguaje busca la nota colorista y la musicalidad mediante efectos sonoros y rítmicos. Abundan las adjetivaciones, las exclamaciones y las interrogaciones

- **Cultivo de la poesía narrativa**

El gusto por los temas históricos y legendarios hace que abunden los romances y las leyendas

5. LA POESÍA ROMÁNTICA EN EUROPA

INGLATERRA

El romanticismo ingles fue iniciado por el poeta **Samuel Taylor Coleridge** (1772-1834), quien formó con **William Worsworth** (1770-1850) y **Robert Southey** (1774 – 1843) el grupo de los Lakistas. Estos poetas publican en 1798 las *Baladas líricas, Kubla Kan, Christabel;* obras que constituyen el pelúdio de los poetas satánicos:

- **Lord Byron** (1788-1824)

  Es el prototipo de hombre romántico y aventurero. Es famoso su poema *Don Juan*, sobre el personaje creado por Tirso de Molina. Otras obras destacadas son *Manfredo,* y *La prometida de Abydos.* Fue un autor admirado por muchos de sus contemporáneos .Influyo en la obra de Espronceda.

- **Percy Shelly** (1792-1822)

  Destaca por sus odas. Entre sus obras más famosas se encuentran *Ozymandias; Oda al viento del Oeste; A una alondra* y *La máscara de Anarquía.* Estuvo casado con la autora de la novela de *Frankenstein*, Mary Shelley.

- **John Keats** (1795-1821)

  En su obra destaca *Endimión*, que se publicó en 1818, donde adaptó el mito griego de Endimión y la diosa luna, para expresar la búsqueda en el mundo real de un amor ideal visto en los sueños

ALEMANIA

En el último tercio del siglo XVIII irrumpe con gran fuerza y empuje el Sturn und Drang («tormenta e ímpetu»), grupo de jóvenes poetas que reivindican con energía el derecho a la libertad y sostienen un concepto idealista de la vida. Este grupo influyo poderosamente en **Johan Wolfgan Goethe** (1749-1832) y en **Friedrich Schiller** (1759-1805), padres del romanticismo alemán. Los poetas alemanes más destacados son:

- **Friedrich Hölderlin** (1770-1843)

  Es el gran poeta alemán del romanticismo. Tres son las pasiones que rezuman su poesía: La exaltación del helenismo, sobre todo en si obra *Hyperion*, en donde pretendía integrar la naturaleza, los héroes y los dioses; el amor desenfrenado a la libertad y la exaltación de los ideales de la Revolución francesa

- **Friedrich Von Hardenberg: «Novalis»** (1772-1801)

  Destaca su obra *Himnos a la noche* (1800) donde expresa su desolación ante la muerte pero al mismo tiempo su creencia en la muerte como un renacimiento místico en la presencia de Dios. Sus *Canciones espirituales* (1799) influyeron profundamente en otros escritores

- **Heinrich Heine** (1797-1856)

  Ejerció una gran influencia en la obra poética e Bécquer. Su obra mas importante es Libro de Canciones (1827), donde mezcla la ironía con el sarcasmo.

FRANCIA

El vizconde **Chateaubriand y** la baronesa de **Staël** son los introductores del romanticismo en Francia. Los poetas más destacados son:

- **Alphonse Lamartine** (1790-1869)

  Su obra poética más popular e imitada es *Meditaciones poéticas* (1820); aunque también escribió *Nuevas meditaciones poéticas*

(1823), *Armonías poéticas y religiosas (*1830), *Jocelyn* (1836), *La caída de un ángel* (1838) y *Los recogimientos* (1839).

- **Alfred de Vigny** (1797-1863)

  Escribió diversos poemas de tipo filosófico, como *Los destinos*. Su obra *Diario de un poeta* apareció póstumamente y resume su pensamiento pesimista.

- **Alfred de Musset** (1810-1857)

  Cabe mencionar obras como l*as cuatro Noche: La noche de mayo, La noche de diciembre, La noche de agosto y La noche de octubre*, publicadas entre 1835 y 1837

- **Victor Hugo** (1802-1885)

  Es indiscutiblemente el jefe de la escuela romántica francesaambién dramaturgo (Cromwell, Hernani) y novelista (*Nuestra señora de París*; *Los miserables*)

Escribió varios volúmenes de poesía lírica que entre los que se cuentan *Orientales* (1829), *Hojas de otoño* (1831), *Los cantos del crepúsculo* (1835) y *Voces interiores* (1837).

Otras obras son el libro de poemas líricos *Las contemplaciones* (1856) y el primer volumen de su poema épico *La leyenda de los siglos* (1859-1883) y *El arte de ser abuelo* (1877), conjunto de poemas líricos acerca de su vida familiar.

ITALIA :

- **Giacomo Leopardi** (1798-1837)

  Su obra poética se encuentra recogida en I Canti (Cantos, 1831) donde combina la ilusión con la desesperanza

PORTUGAL

- **João de Almeida Garret** (1799-1854)

  Su poema épico *Camoes* (1825), escrito en el exilio, expresa la añoranza de su tierra. *Dona Branca* (1826), es una extensa sátira sobre la vida monástica.

Una de sus contribuciones más importantes a la literatura es su *Romanceiro* (1851-1853), una colección de primitivos romances y baladas portuguesas. Su última obra, publicada en 1853, fue una colección de sensuales y melancólicos poemas de amor, *Folhas Caídas*.

RUSIA

- **Alexander Pushkin** (1799-1837)

En 1823 comenzó a escribir *Eugene Onegin*, su obra más conocida, una historia de amor en la línea estilística de Byron situada en un entorno realista y contemporáneo, que ha sido considerada como la primera de las grandes novelas en lengua rusa (a pesar de estar escrita en verso), y que no completó hasta 1831. Destacamos además, dos extensos poemas, *Poltava* (1828) y *Los jinetes de bronce* (1833),

- **Mijail Lérmontov** (1814-1841)

Una de sus obras más conocidas es el poema narrativo *El demon*io (1840). En 1837, publicó una apasionada elegía llamada *La* *muerte de un poeta* en honor de Pushkin. En este poema, rezuma desprecio contra el zar y los frívolos cortesanos que empujaron a Pushkin a que se batiera en un duelo que le costó la vida. A la vez era un manifiesto contra la falta de libertades que sufrían los artistas. En 1838, publicó una colección de poemas entre los cuales se cuenta el romántico *Canción del zar Ivan Vasilyevich* (1837), los satíricos *Canción del mercader Kalshiaov* (1838).

6. LA POESÍA ROMÁNTICA EN ESPAÑA

El triunfo de la poesía romántica en España tiene lugar entre 1830 y 1850, y se manifestó en la obra de **José de Espronceda**, el **duque de Rivas** y **José Zorrilla.** Más allá de este periodo, en los años que van de 1860 a 1885, ya en época del Realismo, escriben dos grandes poetas románticos: **Gustavo Adolfo Bécquer** y **Rosalía de Castro**. Es con estos dos cuando el romanticismo alcanza su mayor hondura y calidad.

Así pues, se pueden distinguir dos periodos, correspondientes a la primera y segunda mitad del siglo XIX. Ambos comparten elementos comunes, como el subjetivismo y la supremacía de los sentimientos, la intuición o la imaginación frente a la razón, pero también presentan diferencias importantes tales como:

- El lenguaje del segundo periodo es más depurado y simbólico frente al lenguaje sonoro, grandilocuente y retórico del primer periodo.

- Poesía profunda e intimita en el segundo periodo, frente a la poesía externa y, a veces, superficial del primero
- En el segundo periodo domina la poesía lirica frente a la narrativa
- En el primer periodo hay un predominio de los metros largos y las estrofas cultas frente a unos metros cortos y estrofas populares en el segundo.

POESIA NARRATIVA

La poesía narrativa relata en versos diversos sucesos históricos, legendarios o puramente inventados. Estos poemas combinan la descripción, el diálogo y momentos de carácter lírico con la narración propiamente dicha.

Poemas narrativos extensos son:

- *El moro expósito* (1834), del duque de Rivas
- *El estudiante de Salamanca* (1840), *El diablo mundo* (1841), de Espronceda
- *Granada; poema oriental* (1852), de Zorrilla

Poemas narrativos breves son:

- *Romances históricos* (1841), del duque de Rivas.
- Numerosos composiciones de Zorrilla

POESIA LÍRICA

La poesía lírica romántica expresa en sus versos los temas característicos del romanticismo y los ambientes románticos antes señalados. Los poetas más destacados son Espronceda, Zorrilla, Gertrudis Gómez de Avellaneda, Carolina Coronado y, sobre todo, Gustavo Adolfo Bécquer y Rosalía de Castro.

En los siguientes apartados, vamos a realizar un paseo por la obra de tres de los principales poetas románticos: Espronceda, Gustavo Adolfo Bécquer y Carolina Coronado. Posteriormente, presentamos una serie de lecturas con sus correspondientes actividades

7. JOSÉ DE ESPRONCEDA Y DELGADO.

Espronceda es el lírico español que encarna el Romanticismo revolucionario con rasgos más terminantes. Su vida es, como la de su admirado Lord Byron, típica: se muestra, a la vez, entusiasta y desesperado, tierno y subversivo, aunque domina siempre en él un marcado tono pesimista. Formalmente busca a veces efectos aparatosos en contraste con los recogimientos y melancolías del más exquisito lirismo:

- Rápida mutación de metros
- Sonoridades retumbadoras
- Adjetivos lúgubres
- Celeridad expresiva
- Rimas frecuentemente agudas

A diferencia de lo que sucede con otros románticos, en Espronceda todo es autentico, no se percibe en sus poemas desproporción entre lo que siente y lo que expresa

7.1 BIOGRAFÍA

Nació en 1808 en plena guerra de la Independencia en la que su padre era un militar. Durante sus primeros años experimentó el peregrinaje con su familia, al compás de las vicisitudes de la campaña bélica, empapando sus ojos infantiles de las grandes miserias y las efímeras glorias que trae una guerra.

Hacia 1821 ingresó en el Colegio de San Mateo (1821-1823), bajo la dirección de Alberto Lista, lo que muy probablemente influyó en él para decidir su inclinación hacia el estudio de las letras y hacia la ideología liberal. Fundó con otros condiscípulos la Academia del Mirto (1823-1826), dirigida por Lista, y allí leyó sus primeras composiciones poéticas.

En 1823 es ejecutado en la horca el militar liberal Rafael de Riego por el régimen de la monarquía absolutista regida por Fernando VII, suceso que fue presenciado por el joven Espronceda. Para vengar la muerte de Riego, fundó con otros jóvenes una sociedad revolucionaria llamada **"Los Numantinos"** que se proponía ingenuamente combatir la tiranía de Fernando VII. En 1824, los numantinos son detenidos, encarcelados y en 1825 son condenados a cinco años de reclusión en un convento-prisión de Guadalajara, pero a las pocas semanas y por influencia de su padre, que ejercía de coronel, fue absuelto. En aquel convento-prisión fue donde empezó a escribir el poema épico "El Pelayo", de corte clásico y que no terminó

En 1827, con dieciocho años, tomó el camino del exilio, que lo lleva a Lisboa para unirse con los exiliados liberales. En la capital portuguesa, conoció a una joven que amó durante el resto de su vida y que motivó gran parte de su producción poética: Teresa Mancha, hija de un militar español exiliado en Lisboa.

Portugal no trataba demasiado bien a los liberales españoles exiliados por lo que marchó en septiembre a Londres donde vivió entre 1827 y 1829. También sale para dicho país el militar Mancha con toda su familia. Este periodo fue muy importante para su formación artística ya que entró en contacto con la obra poética de Byron

En 1829 partió hacia Paris para unirse a los partidarios del general liberal exiliado Torrijos, combatió en las barricadas parisinas de la

°revolución de julio de 1830, uno de cuyos triunfos fue destronar a la monarquía absolutista de Carlos X. De aquello saldría el primer monarca liberal-burgués, Luis Felipe de Orleans. De allí, el poeta intenta pasar a España con una columna de liberales al mando del guerrillero "Chapalangarra". Fracasaron totalmente en el intento y vuelve a París.

> Sus escritos hasta esta época son de corte neoclásico, con el verbalismo grandilocuente, la artificiosidad, el cultismo léxico y la frialdad lírica que a esta escuela distinguen.

En enero de 1832 viajó a Londres donde permaneció hasta agosto. Allí se reencuentra con Teresa Mancha que se había casado, sin embargo ésta abandona su familia y se fuga con el poeta.

En 1833, acogiéndose a la amnistía general a favor de todos los liberales emigrados, los amantes José y Teresa, pasan a España, a vivir en Madrid. Un año más tarde, en 1834, lo abandona después de darle una hija. Teresa muere de tuberculosis en 1839.

> El ***Canto a Teresa***, una de las grandes elegías de la literatura española, llorará el desgarro que en el alma del escritor producen la separación primero y la pronta muerte después

A su regreso a Madrid (febrero de 1833), ingresa en el cuerpo de Guardias de Corps del rey, pero debido a la publicación de una poesía liberal-patriótica, es expulsado a Cuéllar (Segovia), donde escribe su única novela: ***Sancho Saldaña o el castellano de Cuéllar***

En enero de 1834 estaba otra vez en Madrid. Fue uno de los redactores más activos de *El Siglo* (enero-marzo de 1834), revista que se proclamaba monárquica moderada.

> Al ser censurado su número catorce por el gobierno, a Espronceda se le ocurrió la idea de publicarlo en blanco con sólo los títulos de los artículos, lo que mereció un jocoso comentario de Larra en "El siglo en blanco".

En marzo de 1834 fue aceptado en la Milicia Nacional. En julio estuvo preso unos días, al descubrirse la conjuración de la sociedad secreta “La Isabelina”, que quería imponer una constitución liberal.

En 1835, Espronceda es ya famoso en Madrid por sus actividades políticas, por su vida desarreglada y por algunos poemas. Fue uno de los fundadores del Ateneo que se creó en ese año y colaborador en "El Artista" ,la gran revista de la generación romántica. (El 26 de enero publicó en El Artista su famosa Canción del pirata)

En 1840 se editan sus poemas con el título de ***Poesías*** (donde se incluye su obra más valorada, ***El Estudiante de Salamanca***, así como sus famosas ***Canciones***

Los años siguientes, hasta su muerte, alternó la creación literaria con la política, mostrándose cada vez más radical en las dos. A finales de 1841, el general Espartero que había subido al poder lo envía, para alejar de esta manera a un poderoso crítico de su política, a la embajada española en Holanda. No obstante, al poco tiempo regresa a España, para ocupar el cargo de diputado por la provincia de Almería

Cuando su vida sentimental parecía nuevamente asentada, se iba a casar con Bernarda de Beruete, muere a la edad de 34 años como consecuencia de una difteria a la laringe .Era el año 1842.

7.2 OBRA LITERARIA

Espronceda comienza a escribir versos a la manera neoclásica de lo cual es muestra el poema épico ***Pelayo***, iniciado en 1824, retocado en 1828 y dejado inconcluso.

Más tarde, en 1834, escribió la novela histórica ***Sancho Saldaña o el castellano de Cuellar***. En esta obra aparecen varios motivos que reaparecerán mas tarde en sus versos, como son:

— La desaprobación de la guerra civil, de la tortura moral y física, del mercantilismo, de la aristocracia basada en la fortuna, el poder excesivo de la Iglesia

— La exaltación de la libertad contra los privilegios o los abusos de los poderosos:

También escribió algunas obras teatrales tales como, ***Ni el tío ni el sobrino, Amor venga sus agravios*** y ***Blanca de Borbón.***

Espronceda fue especialmente conocido como poeta lírico. Imitó la poesía medievalizante de Ossián en obras como ***Óscar y Malvina*** o ***la Despedida del patriarca griego de la hija del apóstata***, pero hacia 1834 escribe su ***Canto del Cruzado*** y muestra el cambio hacia una lírica plenamente romántica y personal. Recogió sus versos en el libro ***Poesías*** (1840).

Podemos distinguir tres grandes grupos en su poesía lirica:

(a) Primer Grupo: Poemas políticos, patrióticos o libertarios.

(b) Segundo Grupo: Las Canciones

(c) Tercer grupo: Poemas de lírica moderna y amorosa

Poemas políticos, patrióticos o libertarios.

- ***A la patria*** (1829):

  Escrito en Londres en 1829, donde ataca al despotismo reinante en España y lamenta la suerte de los desterrados

- ***A la muerte de Torrijos y sus compañeros***

  Soneto en la misma línea que el poema anterior pero mucho más agresivo

- ***A la muerte de don Joaquín de Pablo*** (Chapalangarra)

  En el pronunciamiento de Chapalangarra había intervenido Espronceda

- ***¡Guerra! , (1835)***

  Es un llamamiento a las armas contra los carlistas. Es una incitante apelación a las masas al derramamiento de sangre y a la violencia

- ***Dos de Mayo, (1840)***

  Donde el poeta invita a sus conciudadanos a un despertar nacional.

Las Canciones

Se trata de cinco poemas donde la exaltación del protagonista que da título o la lamentación por una desastrosa fortuna, marcan el acento predominante.

- ***La canción del pirata***
- ***El verdugo***
- ***El reo de muerte***
- ***El mendigo***
- ***El canto del cosaco***

Estos poemas ilustran, de diferentes maneras, la hostilidad de los románticos hacia las trabas y las convecciones sociales y su aspiración a una libertad individual absoluta.

Cada una de los Canciones presenta a un personaje-símbolo que sirve para denunciar la esclavitud (el pirata), la miseria (el mendigo), la opresión (el reo), la crueldad (el cosaco), la alineación (el verdugo), ... reinantes en esta sociedad que a los románticos más conscientes les resulta insoportable. Son poemas donde se canta a la libertad y la independencia y tienen un carácter marcadamente individualista.

La canción del pirata

Se exalta la figura de un delincuente, perseguido siempre, pero temido y, en definitiva, libre

El mendigo

Un mendigo cínico denuncia la hipocresía de los ricos y su caridad interesada. Este poema, con su rencoroso tono de protesta, marca el inicio de la poesía social española.

El reo de muerte

El poeta se indigna por la tortura moral infligida, en medio de la indiferencia general, al reo durante la noche que precede a su ejecución.

El canto del cosaco

Reprueba con vehemencia el espíritu mercantilista que domina en una Europa desprovista de cualquier ideal elevado, exponiéndose al riesgo de ser víctima de una nueva invasión bárbara a la que será incapaz de hacer frente.

El verdugo

El verdugo se queja de su condición de paria de un mundo que le maldice, pero le encarga la eliminación física del individuo indeseable que ha puesto en peligro el equilibrio de la sociedad

Poesía moderna y amorosa

Este grupo de poemas están en la línea de las Canciones. Podemos destacar:

- **A Jarifa en una orgía, (1839)**
- **A una estrella, (1838)**
- **Himno al Sol**

En ***A una estrella*** y en ***A Jarifa en una orgía*** se expresa la desesperación, el profundo pesimismo que nace del espectáculo de una sociedad frívola en la que reina la codicia. En *A jarifa en una orgía* se dirige a una prostituta para compartir con ella el desengaño de un mundo que no ha sabido estar a la altura de sus ideales.

El ***Himno al Sol*** es un poema de carácter filosófico donde una serie cuidadosamente organizada de contrastes con la mutabilidad del tiempo, pone al Sol como símbolo de cuanto es eterno y perdurable. Sin embargo, este modelo de seguridad absoluta se rompe bruscamente mostrándonos que nada tiene una existencia absoluta que desafíe al tiempo: el amor, la gloria, la felicidad, los ideales, las creencias, ...

Con todo, las obras poéticas más importantes, junto a las Canciones, son ***El estudiante de Salamanca*** y ***El Diablo Mundo*** que pasamos a analizar a continuación.

7.3 EL ESTUDIANTE DE SALAMANCA

Se publica la primera parte en 1836 en el periódico "El español" y el resto fragmentariamente en varias publicaciones. En 1840 se publica la obra completa.

El estudiante Félix de Montemar, un tenorio jugador empedernido y espadachín, abandona a su amada Elvira, que muere de desesperación ; mata en duelo al hermano de ésta; luego sigue a una mujer velada, que resulta ser el esqueleto de Elvira que lo arrastra hacia los infiernos.

El estilo del poema es efectista y retórico, con imágenes truculentas y llenade contrastes violentos. La obra reproduce mitos literarios como la figura de don Juan, la visión de su propio entierro o la locura de amor. El poema está compuesto de 1.704 versos y dividido en cuatro partes.

Primera parte

Son 179 versos donde se describe la lóbrega noche de Salamanca, la figura de don Félix de Montemar y de su amada doña Elvira

La segunda parte

De 255 versos, tiene como eje el personaje femenino de Elvira. Con una notable polimetría, nos cuenta la desdicha y melancolía de Elvira, descrita como la típica mujer etérea del romanticismo, y cómo muere de locura y abandono, finalizando En la carta desesperada y llena de sentimientos contradictorios que le escribe a su infiel amante.

Tercera parte

Consta de 258 versos. En ella se desarrolla el cuadro dramático de los jugadores, cuya propia estructura está dividida en escenas como una obra de teatro atendiendo a la salida y entrada de personajes, y donde se nos ofrece un retrato costumbrista que sin duda tiene como función resaltar el ambiente de irrealidad y caótica fantasía que se avecina en la cuarta parte, centro neurálgico del poema.

Cuarta parte

Tiene una extensión de más de mil versos y es un cambiante poema de la noche, la muerte y el terror.

Con una complejísima polimetría en sus versos y con gran variedad de estrofas, se nos narra el tránsito de un don Félix que ha dejado el mundo de los vivos y se adentra en los abismos infernales de la muerte empujado por sus propios vicios simbolizados en la persecución de la dama que por otro lado es a su vez la muerte.

Desde la visión de su propio entierro. Pasando por una sobrecogedora apertura de las puertas del infierno, hasta una aberrante ceremonia nupcial con el esqueleto de Elvira, y todo ello ante la imperturbable actitud prepotente de don Félix, que consigue captar la más tenebrosa oscuridad en este sombrío cuadro

El poema termina con la más que merecida muerte de don Félix, y la vuelta a la actividad cotidiana de un nuevo día.

7.4 EL DIABLO MUNDO

Es un poema narrativo. Fue publicado por entregas a partir de 1840, pero quedó inacabado. El título elegido por el autor es una forma de demostrar que el mal reina en el mundo y en el corazón del hombre. La sociedad de los hombres esta corrompida por la hipocresía, la mezquindad, la codicia, la indiferencia al dolor..

El protagonista, llamado Adán, encarna la inocencia y la pureza en un mundo en el que no tienen cabida los sentimientos bondadosos. Tras el contacto con la dura realidad y su encarcelamiento, se enfrenta con ilusión al amor, del que sale decepcionado porque el amor es un mal condenado como tal por los hombres. La pasión amorosa se desinfla y Adán parte en busca de libertad y de ascenso social. Más tarde aparecerá en él la vertiente trágica, con la muerte de la niña Lucía, en el que se enfrenta al destino aciago.

El poema está compuesto por una introducción y seis cantos, y unos fragmentos del canto VII, en total más de 6.000 versos. Pasamos a continuación a realizar un breve comentario de cada uno de los cantos

Canto I:

Se presenta al protagonista, Adan, un anciano, que encarna el destino del mundo poético.

— En un cuarto de alquiler, el protagonista medita sobre la vida, con una visión desoladora y llena de melancolía, a la espera de su único y cierto futuro (morir), cuando le vence el sueño.

— Se le presenta una visión: aparece la deidad que le dará la oportunidad de irse con ella, mientras le describe un mundo de paz y reposo, mientras suenan los cánticos celestiales.

— Pero él lucha con los últimos soplos que le quedan de vida y vuelve en sí, no como el viejo decrépito que buscaba la muerte, sino como un joven bello, inocente e inmortal.

— Antes de que se difumine la visión, le recuerdan que ha sido una elección libre y sin vuelta atrás. No podrá quejarse de su destino puesto que para el coro celestial la inmortalidad es un castigo más que un premio, como queda reflejado en estos versos:

Canto II: "A Teresa" (Descansa en paz),

— Es una evocación del alma del poeta "un desahogo de mi corazón; sáltele el que no quiera leerlo sin escrúpulo, pues no está ligado de manera alguna con el poema" como dice él mismo en una nota al inicio del poema.

— Es una bella y emocionada elegía en la que el autor recuerda las apasionadas relaciones con su gran amor, Teresa Mancha, a la que siguieron la decepción, la ruptura y la muerte de su amante. Se trata de un poema independiente dentro de la obra.

Canto III: Retoma la narración del Canto I.

— El protagonista, bautizado con el nombre del primer hombre, Adán, ante el renacimiento de su cuerpo y de su espíritu, se vuelve loco de alegría.

— Desnudo y feliz lo encuentra el casero, quien ante tan extraño suceso (el viejo al que iba a echar a la calle por no pagar el alquiler ha desaparecido y en su lugar hay un joven) llama al resto de vecinos que contemplan asombrados y atónitos la escena.

— Adán, en su inocencia y lleno de alegría, se precipita a la calle en cueros, levantando un gran revuelo. Él ofrece su amor y su bondad a todos y la única respuesta que obtiene es el dolor. Piedras, gritos, injusticia y crueldad que le ponen por primera vez en contacto con la realidad.

— Es prendido por los soldados y llevado a la cárcel. Pero a pesar de estos hechos, Adán sigue confiando en los hombres y deleitándose con las sensaciones que experimenta, con lo que le rodea: no ha perdido del todo esa inocencia.

Canto IV:

— Hay una transformación de Adán. Aprende a hablar y deja de ser un bárbaro. Conoce el amor a través de Salada, la hija de tío Lucas (que se convertirá en el protector y consejero de Adán), que visitando a su padre en la cárcel se enamora de la gallardía y prestancia de Adán.

— Éste se convertirá en el defensor de los débiles, en el más hábil en el manejo de los naipes y de las armas y aprenderá de lo malo como si de una virtud se tratara, puesto que es puro y desconoce la diferencia entre el bien y el mal, Ha aprendido a defenderse en una vida llena de dificultades. También él se enamora de Salada y ésta mueve cielo y tierra para sacarlo de la cárcel. Una vez fuera corren a su casa para consumar su amor.

Canto V:

— Comienza con un cuadro de costumbres, en los que aparecen majos y majas, manolos y manolas, un cura y los dos protagonistas en una taberna del barrio de Avapiés. Un antiguo novio de Salada y sus amigos incitan a Adán a una pelea, que es respondida por ella al lanzarle una puñalada y herirle; tras esta acción huyen ambos a su casa. Mientras se desarrolla la escena, Adán se mantiene alejado de lo que sucede en ella, porque su mente se encuentra en sitios inalcanzables, en su fantasía quiere igualarse a la nobleza, vivir en su ambiente, su lujo, su belleza.

— <u>En el cuadro II, primera escena,</u> Adán intenta que Salada le explique porque no puede él ser como aquellos nobles, no entiende la división de clases, puesto que él ha renacido puro, ni siquiera entiende la noción del Dios creador y Padre de todas las criaturas, finalmente se queda dormido. Mientras tanto, Salada sufre un ataque de celos que la lleva a pensar en matarle y matarse, pero se sobrepone por el amor que le profesa.

— Adán despierta con una visión cargada de espíritu romántico: soñó con la libertad, a lomos de un caballo cabalgando frenéticamente a campo abierto. La ambición, los triunfos, las riquezas han invadido el universo amoroso de Adán y Salada.

— En la escena segunda, vuelve a aparecer el cura acompañado de seis maleantes, amigos del tío Lucas, que vienen a proponerle a Adán su participación en un robo de una casa muy principal. Él acepta, contra la voluntad de Salada que sabe que va a ser su perdición, puesto que sus fantasías de conocer las riquezas y la vida fastuosa se van a hacer realidad.

Canto VI:

— El autor nos habla del hastío, la desesperanza y la desilusión de la condesa de Alcira, una mujer que ha dejado atrás su juventud y con ella, las ansías de disfrutar de la vida.

— Mientras ella duerme, los bandidos entran en su habitación, cargada de alhajas y objetos lujosos, que son observados atentamente por Adán. La música de un reloj admirado por el protagonista suena y la condesa se despierta. Ésta es asediada por los ladrones y, ante su indefensión, Adán se convertirá en su protector, luchando encarnizadamente contra ellos, que huyen cuando llega la justicia.

— Él también escapa y se refugia en una casa de citas, en medio de una extraña escena. Una vieja vela el cadáver de su hija en una habitación, al tiempo que cobra los honorarios de los servicios de sus muchachas, que entretienen a unos mozos en la habitación contigua. En este inusual marco en el que dolor y placer se mezclan y se oponen, discurrirá una conversación entre Adán y la vieja sobre la muerte y Dios.

Canto VII:

— De este canto, tan sólo quedan fragmentos que son continuación del capítulo anterior. La vieja se conmueve con la bondad e inocencia de Adán que pretende buscar la forma de resucitar a Lucía o hablar con Dios para que se apiade del dolor de la vieja y le devuelva a su hija.

— Es el canto de desesperación de una madre ante su hija muerta, del paso del tiempo que cambia toda situación, como lo reflejan los siguientes versos:

En *El Diablo Mundo*, Espronceda hace un completo recorrido por los temas predilectos de los románticos, quizá con la excepción del hecho histórico extraído de la Edad Media:

— **La maldad** que se encuentra inmersa en el corazón del hombre y, por tanto, en la sociedad formada por éste.

Los rasgos de bondad, de inocencia, de pureza son anulados por este sentimiento universal de destruir que forma parte de la Humanidad y que la sobrepasa.

— **La libertad** se nos presenta de forma pura en el canto I en la figura de Adán.

¿Qué es más libre que un hombre que nace de la nada, sin malicia, sin ideas preconcebidas, sin experiencias, como un recién nacido, tan sólo movido por una vitalidad insaciable y una felicidad por estar vivo?

Con el paso del tiempo no llegará a perder del todo esas ansias de ser libre, como en el sueño en el que se ve cabalgando sin rumbo o cuando decide hacer realidad sus fantasías al ir a casa de la condesa, o cuando ama apasionadamente y deja de amar o cuando sueña en formar parte de la nobleza.

Pero el paso del tiempo acabará con todo: con la juventud de Teresa, con las ilusiones del poeta, con el amor de Salada, con las ansias de libertad de Adán, **pero no con la maldad del hombre.**

— **Sentimiento de rebelión contra lo establecido**, contra el mundo y sus leyes. El individuo no pertenece a ningún grupo social. Lucha contra la norma moral y la social, se enfrenta a Dios y a los hombres.

— La **crítica a la sociedad,** en este caso la madrileña, queda patente en el canto III.

Nos describe las miserias de un escritor que reparte su tiempo entre los artículos del periódico, que es lo que le da de comer, y hacer literatura.

La azarosa esposa del casero que a pesar de su casto rubor ante la contemplación de un hombre desnudo, no deja de hacer la comparación de rigor, de la que sale triunfante Adán.

El "populacho insano" que levanta calumnias y se agolpa para ver el espectáculo, para después huir no sin antes sembrar el pánico entre la gente. Esa misma gente que acaba apedreando, golpeando e insultando a Adán.

— **El amor apasionado** y **el amor desengañado** se nos presentan como causa y efecto.

Una vez satisfechos los primeros impulsos amorosos queda un vacío que ese amor no puede llenar y que desemboca en el desengaño.

En el Canto a Teresa nos habla de la pasión experimentada por ella que la hace infringir las reglas de la sociedad y hundirla en una degradación moral de la que sólo escapará con la muerte.

La mujer es una ilusión que una vez conocida queda degradada. El placer, el valor y la mujer se asocia con lo nuevo, con lo desconocido que se experimenta por primera vez y sólo se mantiene mientras dura.

El hombre, una vez perdida la ilusión, buscará otro objeto de atención que llene el vacío dejado por ella. Hay una búsqueda constante de algo por lo que vivir, nuevas sensaciones, nuevos sentimientos:

— **La muerte**

Se presenta como una elección en el primer canto, que es rechazada por Adán en favor de la vida eterna o del eterno castigo.Vuelve a aparecer en la elegía a Teresa como liberación cuando la vida y la ilusión la habían abandonado: el único camino para olvidar su desdicha y disipar su dolor.

En el último canto, Adán se vuelve a enfrentar con la muerte de una inocente niña, Lucía, que es descrita con profundidad y expresividad por su madre, una alcahueta que llora sinceramente por lo único bueno que ha tenido en esta vida.

— La injusticia, la maldad, la sociedad, los hombres conducen al autor a otro tema fundamental de esta obra: a **Dios.**

La pregunta formulada en la Introducción "¿Quién es Dios?" queda sin responder a lo largo del poema. El nombre del Creador es citado, tomado en vano, acusado de hipócrita y falso y esto es así porque "el hombre romántico considera el mundo como un misterio, cuya clave posee el ser supremo y a quien se dirige para interrogarle sobre sus secretos designios".

Espronceda concibe en El diablo mundo a un Dios vengativo, que crea el mundo y a los hombres para luego abandonarlos. Es un mundo caótico en lo que se refiere a los sentimientos humanos y a la vida, regida por un destino irracional, en la que se entrecruzan el azar y la casualidad, que conducen a la muerte.

— **La cárcel,** lugar emblemático de los románticos, es el sitio propicio para situar a los personajes principales del poema: Adán, Salada, el tío Lucas. Todos ellos seres marginales de una sociedad situados en un lugar que resulta hasta acogedor y adecuado para la inocencia del protagonista.

— También aparece un **cuadro costumbrista**, del que eran tan aficionados los autores del siglo XIX, en el canto V, desarrollado en una taberna de Avapiés,

Los interiores descritos en esta obra, la habitación del anciano y la casa de Salada nos muestran la pobreza en la que viven estos personajes, en consonancia con su clase y sentimientos, que contrasta poderosamente con la suntuosidad y lujo del palacio de la condesa de Alcira, descrito con todo tipo de detalles.

8. GUSTAVO ADOLFO BÉCQUER.

Lejos de la exaltación de Espronceda, la poesía de Gustavo Adolfo Bécquer es íntima y delicada, alada y ensoñadora, como corresponde a su carácter sensible e intimista. Influido por el poeta alemán Heine, su verso es ligero y desnudo de artificio, y sus palabras, sencillas, hablan de la inspiración, de la poesía, del amor, del dolor y de la muerte.

8.1 BIOGRAFÍA

Gustavo Adolfo Bécquer es el nombre que adopta Gustavo Adolfo Domínguez Bastida. Nació en Sevilla en 1836 y murió en Madrid en 1871. De Bécquer arranca la poesía española contemporánea y sus Rimas las recitan de memoria los poetas contemporáneos.

Sabemos que Gustavo fue seguidor de Alberto Lista y compañero del también sevillano Narciso Campillo y del madrileño Julio Nombela, a quien conoció en Sevilla. Con ellos escribió sus primeros ensayos literarios, parcialmente conservados, y con ellos decide, en 1854, viajar a Madrid.

La llegada a la capital supone unos años de miseria y hambre. El teatro y la zarzuela son los géneros que permiten sacar un mínimo para vivir. Entonces surge el proyecto de la *Historia de los templos de España*, que quedó interrumpido por falta de subvención tras publicarse el primer tomo en 1857. En estos años, Gustavo conoce a la artista Julia Espín, pero la amó en silencio. También ahora, 1857, sufre una grave enfermedad: la tuberculosis.

En 1859 publica en la revista *El Nene* la futura *Rima XIII* y en 1860, en el Álbum de señoritas y correo de la moda, la *Rima XV*. Ese mismo año comienza sus *Cartas literarias* en *El Contemporáneo*, donde, en 1861 edita su *Prólogo a La Soledad* de Augusto Ferrán, libro de poemas que imitan la copla popular. Aquí expresa Bécquer sus ideas sobre poesía y sus diferentes tipos. Este mismo año aparecen las que serían Rimas LXI, XXIII, LXII.

Contrae matrimonio con Casta Esteban, soriana a quien había conocido en sus viajes por esa provincia y por Aragón. De Casta tendría varios hijos y unas relaciones turbulentas, con varias separaciones y un breve encuentro final.

En 1868, Gustavo había publicado varias prosas -*Leyendas*, *las Cartas desde mi celda*-; las futuras *Rimas XXVII, V, XI, XXIV, II, XVI, LXIX y IX* y, finalmente, había reeditado dos veces las *Rimas XV* y *XXIII.* En vida sólo publicará ya, en 1870, la *Rima IV.*

1868 es el año que precipita la crisis. El ministro González Bravo, que estaba dispuesto a publicar a su costa las Poesías de Bécquer, pierde el manuscrito del poeta, como consecuencia del saqueo que sufrió su casa en la Revolución de ese mismo año. El matrimonio de Gustavo se rompe definitivamente y el padre vivirá con los hijos, en compañía de su hermano Valeriano, cuya situación familiar era bastante parecida a la del poeta

En Toledo, en 1869, Gustavo intenta recuperar de memoria sus poesías, que copia en un manuscrito al que titula *Libro de los gorriones* y que estuvo prácticamente perdido en la Biblioteca Nacional de Madrid desde su adquisición en 1896 hasta 1914.

En Septiembre de 1870 muere su hermano Valeriano, lo que sumió a Gustavo en una crisis de la que no saldría. Su mujer vuelve a su lado y en Diciembre el poeta se encuentra gravemente enfermo. Muere el 22 de Diciembre de ese año

Con motivo de su muerte, sus amigos publican, para auxiliar a la viuda y a los huérfanos, unas Obras que vieron la luz en 1871 en dos tomos. Las setenta y seis Rimas ocupaban unas páginas del segundo volumen. *El Libro de los gorriones*, que debió ser fuente de esta edición, contenía tres rimas más que no se incluyeron en las Obras de 1871, publicadas bajo la dirección y esmero de su amigo, el cubano Ramón Rodríguez Correa

8.2 OBRA LITERARIA

8.2.1 Obra en prosa

Su inmensa importancia como lírico, la fama de Bécquer se apoya en las Rimas, no debe hacernos olvidar que Bécquer es un extraordinario prosista. Cuando la prosa se está haciendo dentro del Realismo un mero instrumento narrativo, él sabe dotarla de cualidades poéticas inolvidables en sus ***Leyendas*** y en sus ***Cartas.***

Para analizar la obra en proa de Bécquer, vamos a realizar un división de la misma en cuatro apartados

(a) Artículos Periodísticos

(b) Historia de los templos de España

(c) Cartas

(d) Leyendas

Artículos Periodísticos

Desde fines 1860 hasta principios dc 1865 fue redactor del diario *El Contemporáneo* donde escribió una gran multitud de artículos periodísticos además de un gran número de sus ***Leyendas***, *las* ***Cartas***

literarias a una mujer *(1860-61, pequeño tratado sobre la imaginación poética)* *y* ***Las cartas desde mi celda*** *(1864).*

Entre los veranos de 1865 y 1866, el poeta empezó con su hermano Valeriano (que se le había unido en Madrid en 1863) una fructífera colaboración en la revista *El Museo Universal*; Valeriano dibujaba y grababa escenas y personajes de la vida popular y Gustavo comentaba la obra gráfica

En 1869, junto a su hermano Valeriano y numerosos artistas, fundó la revista bimensual *La Ilustración de Madrid*, de la que fue su director hasta que murió en 1870

Historia de los templos de España

En 1857, aparece el primer y único tomo de ***Historia de los templos de España***, dedicado a Toledo. Este ambicioso proyecto, en el que colaboraban ilustres literatos y artistas del momento (Mesonero Romanos, duque de Rivas, entre otros), seguía una doble vertiente de marcado cuño romántico:

(1) Apología del cristianismo, atendiendo a realidades externas a la doctrina y más bien ornamentales tales como la belleza artística de las iglesias o el esplendor de la liturgia

(2) Nacionalista, en el sentido de hacer recuento y exaltación del arte patrio

Cartas

Otra aportación de Bécquer al desarrollo de la prosa española del siglo XIX fue la creación del ensayo literario en sus ***Cartas desde mi celda*** (1864)

- Las compuso durante una estancia para cuidar su maltrecha salud en el monasterio de Veruela, al pie del Moncayo, provincia de Zaragoza.
- Son nueve y se publicaron entre mayo y octubre de 1864 en el periódico *El Contemporáneo.*
- La casualidad suele deparar el asunto de las mismas, por ejemplo:

Carta I

Relato, con acusados toques costumbristas, del viaje Madrid-monasterio que comprendía tres etapas y otras tantas especies de vehículos (tren, diligencia y caballo)

Carta III

Visita a un abandonado cementerio de aldea y la resignada consideración a cerca de los sueños e ilusiones de antaño. En esta carta, Bécquer explica la evolución de su espíritu.

Carta IV

Una llamada a favor de la conservación de nuestro abundante y riquísimo patrimonio artístico

Carta VIII

Historia de las brujas de Trasmoz, que recrea una realidad mágica semejante a la de algunas leyendas

Carta IX

Historia del monasterio fundado en la Edad Media

- Los tonos de las mismas son diversos y de acuerdo con la naturaleza del asunto abordado, por ejemplo:

  — Los toques pintorescos en las narraciones del viaje

  — Lo fantástico que rodea al mundo de la brujería.

  — El emocionado intimismo que preside la evocación de los ensueños adolescentes.

  — El alegato en defensa de una causa que considera noble.

- Otros recursos estilísticos son:

  — La plasticidad pictórica de las descripciones, con frecuentes notas de color

  — Abundancia de adjetivos, agrupados de ordinario en parejas y trípticos

  — Empleo de paralelismos y correlaciones con fórmulas como "ya ... ya", "ora ...ora" que producen una sensación de equilibrio acompasado.

Leyendas

Se publicaron originalmente en periódicos (El Contemporáneo y La América), entre 1861 y 1863. Son un conjunto de cuentos recogidos de las tradiciones populares, que Bécquer enriquece con elementos fantásticos y poéticos.

El tema principal es el amor trágico y sobrenatural: un amor más allá de la muerte, un amor roto por la separación y la crueldad, o un amor imposible por los engaños de la ilusión.

Son veintidós y revelan un aspecto importante del romanticismo literario de su autor al mostrar un interés artístico y arqueológico por la Edad Media, con sus templos y claustros románicos o góticos, campos sombríos y calles tenebrosas, palacios y castillos. Predomina en ellas un espíritu donde se impone lo misterioso, lo sobrenatural y mágico con historias de raíz popular en muchas ocasiones, en las que la búsqueda de lo inalcanzable suele ser su argumento central.

- ***La creación***
- ***Maese Pérez el Organista***
- ***Los ojos verdes***
- ***La ajorca de oro***
- ***El caudillo de las manos rojas***
- ***El rayo de luna***
- ***La cruz del diablo***
- ***Tres fechas***
- ***El Cristo de la calavera***
- ***La corza blanca***
- ***La rosa de pasión***
- ***Creed en Dios***
- ***La promesa***
- ***El beso***
- ***El Monte de las Ánimas***
- ***La cueva de la mora***
- ***El gnomo***
- ***El miserere***
- ***La arquitectura árabe en Toledo***
- ***¡Es raro!***
- ***Las hojas secas***
- ***La mujer de piedra***

En las *Leyendas* tiene gran importancia la religión y los poderes celestiales, que recompensan el amor y castigan la maldad:

- En El beso, el oficial francés que besa la estatua de Elvira es ajusticiado por un guerrero de piedra.
- En la ajorca de oro, el joven Pedro, para cumplir el capricho de la hermosa María, roba la pulsera de la Virgen, pero las estatuas de la iglesia cobran vida, parecen amenazarle y el joven pierde la razón

Se pueden realizar distintas clasificaciones de las leyendas, aquí proponemos la siguiente, en la que añadimos algunos ejemplos:

(a) **El misterio, lo sobrenatural:**

Maese Pérez el organista, El Miserere, El rayo de Luna

(b) **Lo exótico, oriental o morisco:**

El caudillo de las manos rojas

(c) **Lo religioso o milagrero:**

El Cristo de la calavera, La rosa de la Pasión ,La cueva mora

(d) **Lo costumbrista aliado con lo prodigioso:**

La venta de los gatos

Se puede realizar otra clasificación atendiendo a la fuerza, relación entre los elementos fantásticos, maravillosos:

(a) **Lo maravilloso puro**

La Creación.

(b) **El contraste entre lo real y lo maravilloso**

Los ojos verdes, El gnomo y El Miserere, El monte de las Ánimas, La ajorca de oro

(c) **Lo maravilloso irrumpe en un mundo que suponemos real**

La cueva de la mora, La rosa de la pasión, EL beso, La promesa.

Pasamos a continuación a describir el argumento de algunas de las leyendas más representativas

EL MONTE DE LAS ÁNIMAS

Alonso le cuenta a su prima una leyenda que versa sobre sucesos paranormales que se suceden en el Monte de las Ánimas, una vez que hubo concluido la historia, su prima le pidió ,en el fondo le retó, a que fuera a dicho monte en la noche de los difuntos a por su cinta azul que le pensaba regalar. Alonso se arriesgó por Beatriz y lo hizo. Ésta, a lo largo de la noche oyó ruidos de procedencia imposible. A la mañana siguiente encontró en su reclinatorio, sangrienta y desgarrada la banda azul que Alonso fue a buscar. Éste resultó muerto, la versión fue que los lobo se lo comieron, aunque un cazador que se extravió y pasó la noche en el monte, asegura a ver visto a los esqueletos de los antiguos templarios y a los nobles muertos en la batalla, levantarse y perseguir a una dama hermosa, pálida, desmelenada, descalza y gritando de horror, mientras daba vueltas alrededor de la tumba de Alonso.

LA CREACIÓN

Esta leyenda explica la creación de un mundo por medio de un todopoderoso que lo es todo y es perfecto. Va creando todo de forma armonizada y encajable. Un día que se aburría fecundo a Maya y brotaron una especie de angelitos, los cuales, cierto día, jugaron en el laboratorio de

Brama donde tenía muchos elementos con los que creaba los mundos, y estos angelitos crearon un mundo el cual era totalmente imperfecto en todos los sentidos, este mundo imperfecto viene a representar "La Tierra", y como la leyenda cuenta, este mundo no va a durar mucho porque nosotros mismos lo destruiremos.

LA AJORCA DE ORO

Pedro, posiblemente por petición o para complacer a su amada María, intentó robar la ajorca de oro que la Virgen de la Catedral de Toledo posee en una de sus manos. En su intento, el suelo de la catedral se convierte en tumbas, todas las estatuas se bajan de sus huecos y ocupan el ámbito de la iglesia y miran a Pedro con ojos sin pupilas; éste también ve todo un mundo de reptiles y alimañas. Tras tantas impresiones cae desmayado sobre el ara y cuando despierta aun posee la ajorca de oro entre sus manos, pero al parecer a enloquecido.

LOS OJOS VERDES

Fernando, en la caza de un ciervo, se adentra hasta una fuente, la llamada fuente del Álamo sobre la cual pesa una leyenda que asegura que si te aproximas a ella caerá sobre ti un mal. Tras esto, Fernando estuvo escuchando durante días nombres, voces. Una tarde que acudió a sentarse en los bordes de la roca a las orillas del agua, donde esperaba que apareciesen los ojos verdes, de una hermosa mujer, de la cual se había enamorado, al fin esta apareció de nuevo del agua y le incitó, prometiéndole amor, a ir con ella, así Fernando cayó al agua donde supuestamente murió, ya que no se volvió a saber nada más de él.

EL GNOMO.

Unas hermanas, Marta y Magdalena, tras escuchar la historia contada por el tío Gregorio y también las relatadas por las viejas de su casa, decidieron salir a encontrarse la famosa fuente que te lleva a las riquezas. Una vez en la fuente, ambas hermanas oyeron como el viento y el agua les hablaban y las hipnotizaba. Apareció el gnomo, al cual ambas chicas siguieron con el fin encontrar riquezas. Magdalena volvió pero de Marta no se supo nada más.

EL MISERERE.

Al narrador le sorprendieron las frases que encontró en un miserere y el anciano encargado de la biblioteca le contó: Hace tiempo llegó un señor que iba caminando en busca de un Miserere capaz de recoger todo el dolor y arrepentimiento que sentía dentro. Durante su estancia en el monasterio un hombre le contó una leyenda sobre un miserere y éste primero salió en su busca. El elemento fantástico surge con las luces que iluminan la iglesia derruida, sin artificio alguno, música y ruidos raros que salen de ella, la reconstrucción por un suceso inexplicable del edificio entero y por último la aparición de los esqueletos que se dirigen a ocupar su posición en el coro.

Más tarde los esqueletos se recubrieron de carne, en la frente les apareció una aureola luminosa, la cúpula se abrió y se vio el cielo. Tras esto el romero volvió al monasterio y escribió el Miserere que escuchó en la montaña.

LA CUEVA DE LA MORA

Dos amantes tras una guerra entre moros y cristianos, resultan heridos de muerte y fallecen juntos en una cueva subterránea, en la que desde entonces aparecen muchas noches vagando por ella, como si resucitasen.

LA PROMESA

Margarita llora porque su amado se va a la guerra en la servidumbre del conde de Gómara. En el momento de la partida, Margarita reconoce en el conde a su amado. El Conde durante la guerra, es salvado en varias ocasiones de la muerte por una mano, la cual resultó pertenecer a Margarita, que murió el día que su amado marchó, y en su entierro no se pudo tapar la mano de Margarita hasta que el Conde, estrechándola, con su amada se casó.

EL BESO

Un capitán alojado en una iglesia, celebra una fiesta con unos amigos. El capitán está como enamorado de la estatua de una bella mujer, la cual aparece arrodillada en su tumba al lado de su marido que también esta de pié y como su esposa, es una estatua de mármol. El capitán, ebrio, intenta besar la estatua, pero en su intento es sorprendido por la fuerte bofetada que la estatua que se mantiene de pie le da y que le origina un ferviente brote de sangre por nariz, boca y ojos.

LA ROSA DE PASIÓN

En este caso el elemento fantástico es la flor que brota de la tumba de Sara, a la cual su padre dejó a su suerte en las manos de unos criminales, después de que Sara de origen judío, rechazara a Daniel como su padre y a los judíos como sus hermanos, convirtiéndose en cristiana, religión a la que pertenecía el muchacho del que estaba enamorada y al cual su padre quería matar para limpiar su honra y demostrar que de él nadie se ríe, ya que no estaba bien visto el matrimonio entre miembros de distintas religiones.

8.2.2 Ideas poéticas de Bécquer

Bécquer expuso sus ideas sobre la poesía en la reseña que hizo del libro La *Soledad*, de su amigo Augusto Ferrán. Expone que existen dos tipos de poesía:

(a) Primer tipo

Hay una poesía magnífica y sonora; una poesía hija de la meditación y el arte, que se engalana con todas las pompas de la lengua, que se mueve con una cadenciosa majestad, habla a la imaginación, completa sus cuadros y la conduce a su antojo por un sendero desconocido, seduciéndola con su armonía y su hermosura.

— Tiene un valor dado: es la poesía de todo el mundo.

— Es una melodía que nace, se desarrolla, acaba y se desvanece

— Cuando se concluye se dobla la hoja con una suave sonrisa de satisfacción.

— Es el fruto divino de la unión del arte y de la fantasía.

(b) Segundo tipo

Hay otra natural, breve, seca, que brota del alma como una chispa eléctrica, que hiere el sentimiento con una palabra y huye, y desnuda de artificio, desembarazada dentro de una forma libre, despierta, con una que las toca, las mil ideas que duermen en el océano sin fondo de la fantasía.

— Carece de medida absoluta, adquiere las proporciones de la imaginación que impresiona: puede llamarse la poesía de los poetas.

— Es un acorde que se arranca de un arpa, y se quedan las cuerdas vibrando con un zumbido armonioso.

— Cuando se acaba ésta, se inclina la frente cargada de pensamientos sin nombre

— Es la centella inflamada que brota al choque del sentimiento y la pasión.

Bécquer se adscribe a este segundo tipo de lírica, íntima, sencilla de forma, desnuda aparentemente de retórica, apta para la lectura emocionada y silenciosa, para la comunicación entrañable entre poeta y lector

El arte de Bécquer es innovador; su poesía renueva la estética altisonante del Romanticismo pleno. Su lírica presenta una musicalidad tenue y delicada, apoyada en la combinación de metros de arte mayor y menor (casi siempre asonatados), y un tratamiento intimista y directo de los temas, nunca ajeno a los fantasmas de la imaginación y del ensueño

Con una obra poética muy breve, Bécquer ocupa un puesto de primera importancia en nuestra lírica. Fue poco estimado por sus contemporáneos. (Núñez del Arce calificó a las Rimas de "suspirillos germánicos"; Campoamor lo menospreciaba; Menéndez Pelayo, de gustos clásicos, no le profesó ninguna simpatía)

Su influjo tiene efectos algunos años después de su muerte, sobre Juan Ramón Jiménez y Antonio Machado, y penetra pujante en la lírica del siglo XX.

8.3 RIMAS

Las Rimas fueron publicadas en diversas revistas entre 1859 y 1871; así el 17 de diciembre de 1859 aparece en la revista cómica *El Nene* la primera rima conocida y publicada, «Tu pupila es azul...», la futura 29 (XIII).

En 1867, Gustavo entregó una copia en limpio de sus Rimas al ministro González Bravo, quien le había prometido prologarlas para su edición. Este manuscrito se perdió durante un saqueo a la casa del ministro en las revueltas de la Revolución de septiembre del 68.

Entre el otoño de 1868 y diciembre de 1869, Bécquer reconstruyó la colección de *Rimas* desaparecidas. Este manuscrito, que Bécquer tituló ***Libro de los gorriones*** es la base más fidedigna del texto de sus *Rimas*. Contiene además otros textos además de las *Rimas*. Este libro se conserva en la Biblioteca Nacional

En 1871, un año después de la muerte del poeta, escritores y artistas quc habían sido amigos del poeta publicaron sus obras en dos tomos. Las *Rimas*, **conjunto de 79 poemas cortos** estaban al final del segundo tomo.; tres poemas, juzgados demasiado realistas y desesperanzados, fueron descartados por lo que sólo aparecieron 76 (LXXVI) rimas. Sus amigos las ordenaron siguiendo el siguiente criterio:

<u>Primer Grupo:</u> Rimas I a XI

Poesías que son un comentario y reflexión sobre la misma poesía y el fenómeno espiritual de la creación literaria.

Rima I (Yo sé un himno gigante...)

Rima II (Saeta que voladora...)

Rima III (Sacudimiento extraño...)

Rima IV (¡No digáis que agotado su tesoro,..)

Rima V (Espíritu sin nombre...)

Rima VI (Como la brisa que la sangre orea...)

Rima VII (Del salón en el ángulo oscuro...)

Rima VIII (Cuando miro el azul horizonte...)

Rima IX (Besa el aura que gime blandamente...)

Rima X (Los invisibles átomos del aire...)

Rima XI (Yo soy ardiente, yo soy morena...)

- **Poesía, poema y poeta:**

— La poesía es el himno gigante y extraño. Esta descripción se encuentra reflejada de manera visible en la rima número I

— El poema es el rebelde y mezquino idioma, que no puede dar cuenta de esa realidad extraordinaria y conmovedora. Esta característica se encuentra reflejada en la rima número I

— El poeta es el recipiente que es capaz de contener los términos anteriores. Se refleja también, en la rima número I:

- **La existencia objetiva de la poesía.**

— Un ejemplo claro, se ve reflejado en la rima número IV, donde hay una serie de realidades poéticas utilizadas, como la naturaleza, el misterio, los sentimientos y el amor. Esta rima se refiere a que mientras estas realidades existan, habrá una fuente de inspiración para los poetas y la poesía seguirá existiendo.

Segundo Grupo: Rimas XII a XXIX

La temática de esta serie es el amor. Es un amor positivo y alegre, cuya causa es la mujer. El poeta trata del amor y de sus efectos en el alma. Obedecen a una contemplación afirmativa y confiada de la belleza femenina y del amor. Corresponden a momentos de esperanza y de plenitud sentimental del poeta

Rima XII (Porque son, niña tus ojos...)

Rima XIII (Tu pupila es azul, y cuando ríes...)

Rima XIV (Te vi un punto, y flotando antes mis ojos...)

Rima XV (Cendar flotante de leve bruma..)

Rima XVI (Si al mecer las azules campanillas...)

Rima XVII (Hoy la tierra y los cielos me sonríen...)

Rima XVIII (Fatigada del baile,...)

Rima XIX (Cuando sobre el pecho inclinas...)

Rima XX (Sabe, si alguna ve tus labios rojos...)

Rima XXI (¿Qué es poesía? dices mientras clavas...)

Rima XXII (¿Cómo vive esa rosa que has prendido...)

Rima XXIII (Por una mirada, un mundo;...)

Rima XXIV (Dos rojas lenguas de fuego...)

Rima XXV (Cuando en la noche te envuelven..)

Rima XXVI (Voy contra mi interés al confesarlo;...)

Rima XXVII Despierta, tiemblo al mirarte;...)

Rima XXVIII (Cuando entre la sombra oscura...)

Rima XXIX (Sobre la falda tenía...)

- **El amor como origen de la poesía:**

— El sentimiento es lo más importante. Para el poeta, el sentimiento es el efecto o las causa de algo. La poesía es igual al amor.

— El poeta identifica a la mujer como el efecto de ese amor.

— El poeta habla en una conversación entre el tú y el yo, donde el tú es la mujer. La poesía se identifica con la mujer.

— Esta característica se ve reflejada en la rima XXI, donde la poesía nace del amor.

- **Un amor imposible. Un amor soñado**:

— La mujer es el destinatario del amor.

— En la rima XV, el tú y el yo, constituyen la rima.

— En la rima XIV, el tema principal es la fusión amorosa.

- **La amada**:

— Es representada como la mujer ideal.

— Es rubia de ojos claros (azules), blanca de piel, sus mejillas sonrosadas

— Delicada y angelical.

— En la rima número XII se ve reflejado.

- **Los ojos de la amada:**

— En los ojos de la amada se concentra la poesía y su belleza.

— La rima XIV hace referencia a la mirada de la amada y sus efectos

- **El amor y la naturaleza**:

— La naturaleza se asocia al poeta. Si el poeta es feliz, la naturaleza reflejará mares calmados, campos verdes, bonitos amaneceres, etc., mientras que si el poeta no es feliz, sino al contrario, se siente desgraciado, la naturaleza reflejará mares agitados, tempestades, etc.

— En la rima XVII, la mirada de la mujer le provoca alegría y entusiasmo, por eso la naturaleza se asocia a la felicidad del poeta.

<u>Tercer Grupo</u>: Rimas XXX a LI

El tema principal de esta tercera serie de rimas es el desamor o el desengaño amoroso, Esta serie refleja el momento en el cual el amor desaparece y llega el fracaso. Son las que se relacionan con el poeta alemán Heine

Rima XXX (Asomaba a sus ojos una lágrima...)

Rima XXXI (Nuestra pasión fue un trágico sainete,...)

Rima XXXII (Pasaba arrolladora en su hermosura...)

Rima XXXIII (Es cuestión de palabras, y no obstante...)

Rima XXXIV (Cruza callada y son sus movimientos..)

Rima XXXV (¡No me admiro tu olvido! Aunque de un día,..)

Rima XXXVI (Si de nuestros agravios en un libro...)

Rima XXXVII (Antes que tú me moriré: escondido...)

Rima XXXVIII (Los suspiro son aire, y van al aire...)

Rima XXXIX (¿A qué me lo decís? Lo sé: es mudable...)

Rima XL (Su mano entre mis manos...)

Rima XLI (Tú eras el huracán, yo la alta...)

Rima XLII (Cuando me lo contaron sentí frío...)

Rima XLIII (Dejé la luz a un lado, y en el borde...)

Rima XLIV (Como en un libro abierto..)

Rima XLV (En la clave del arco mal seguro,..)

Rima XLVI (Me ha herido recatándose en las sombras...)

Rima XLVII (Yo me he asomado a las profundas simas...)

Rima XLVIII (Como se arranca el hierro de una herida ...)

Rima XLIX (Alguna vez la encuentro por el mundo...)

Rima L (Lo que el salvaje, que con torpe mano ...)

Rima LI (De lo poco de vida que me resta ...)

- **Ruptura y fracaso amoroso. El orgullo:**

— El poeta habla del fracaso y lo hace a través de preguntas hacia él mismo y las contesta.

— El diálogo entre el yo y el tú, ha sido sustituido por el monólogo. La causa del fracaso amoroso del poeta es la incomunicación.

— En la rima XXX, la síntesis de toda ella es la ruptura morosa.

— La rima XXXIII se refiere a esta falta de comunicación.

— En la rima XXXVI se encuentra la ausencia del tú. El poeta cree que aun está enamorado. Él busca la comunicación y afirma que puede que hasta la muerte esa comunicación no podrá existir.

— La rima XXXV se refiere a que el poeta es consciente de esa incomunicación.

- **<u>Resentimiento hacia la amada:</u>**

— El poeta siente tal dolor que llega a hacer culpable a la amada de ese tremendo dolor. La infidelidad de la amada provoca en el poeta un gran resentimiento.

— En la rima XXXIX se observa como el poeta sigue queriendo a su amada aunque ésta le sea infiel.

- **<u>La mujer, fuente eterna de poesía</u>**:

— Se hace referencia, de nuevo, a la mujer.

— No le importa su carácter, sino su apariencia externa y su misterio.

— En la rima XXXIV hay un fuerte cambio de ánimo, en base a unas cualidades que se identifican con la naturaleza.

- **El dolor:**

— Es el final de los sentimientos.

— El dolor por el amor perdido es agudo, pero poco a poco se va calmando.

— La rima XLII ha sido construida como una anécdota. Expresa el dolor que le produjo al poeta ese recuerdo.

— En la rima XLIII, ese dolor intenso lleva al poeta al borde de la locura. La naturaleza se muestra impasible ante el dolor del poeta.

Cuarto Grupo: Rimas LII hasta ell final

Es el grupo más variado; recoge la depuración última de la experiencia vivida por el poeta, enfrentado en solitario al mundo y a la muerte. El tema central de esta última serie de rimas es el dolor y la angustia.

Rima LII	Olas gigantes que os rompéis bramando
Rima LIII	Volverán las oscuras golondrinas
Rima LIV	Cuando volvemos las fugaces horas
Rima LV	Entre el discorde estruendo de la orgía
Rima LVI	Hoy como ayer, mañana como hoy
Rima LVII	Este armazón de huesos y pellejo
Rima LVIII	¿Quieres que de ese néctar delicioso

Rima LIX	Yo sé cuál el objeto
Rima LXIV	Como guarda el avaro su tesoro
Rima LXV	Llegó la noche y no encontré un asilo
[Rima LXVI	¿De dónde vengo?... El más horrible y áspero
Rima LXVII	¡Qué hermoso es ver el día
Rima LXVIII	No sé lo que he soñado

Rima LXIX	Al brillar un relámpago nacemos
Rima LXX	¡Cuántas veces al pie de las musgosas
Rima LXXI	No dormía, vagaba en ese limbo
Rima LXXII	Las ondas tienen vaga armonía
Rima LXXIII	Cerraron sus ojos
Rima LXXIV	Las ropas desceñidas
Rima LXXV	¿Será verdad que cuando toca el sueño
Rima LXXV	En la imponente nave
Rima LXXVII	Dices que tienes corazón, y sólo
Rima LXXVIII	Fingiendo realidades
Rima LXXIX	Una mujer me ha envenenado el alma

- **<u>El miedo a la soledad y al olvido:</u>**

— Almacena recuerdos que le provocan dolor. Quiere olvidar sus recuerdos más dolorosos

— El poeta tiene miedo a que la soledad solo pueda conducirle al dolor.

— En la rima LII aparece de una naturaleza activa y fuerte, pero casi desierta, que contrasta con la pasividad del poeta. Él le pide a la naturaleza que le arranque ese dolor. La naturaleza no le va a responder y lo sabe.

— En la rima LXVI se tratan temas como la soledad y la angustia, sobretodo, el miedo a la soledad.

- **El paso del tiempo y la muerte:**

— El tiempo avanza inexorablemente. La única salida es la muerte.

— El poeta duda si vive en la vida real, en un sueño o en su imaginación.

— Busca la paz definitiva que aparece relacionada con la muerte.

— La mujer es el símbolo de la muerte que ansía él.

— Podemos ver esto en la rima LXIX

CARACTÉRISTICAS

- Poseen una cualidad esencialmente musical y una aparente sencillez que contrasta con la sonoridad un tanto hueca del estilo de sus predecesores.

- Formalmente son poemas breves en versos asonantes, donde el mundo aparece como un conjunto confuso de formas invisibles y átomos silenciosos cargados de posibilidades armónicas que se materializan en visión o sonido gracias a la acción del poeta que une las formas con las ideas.

- Se refieren a la emoción de lo vivido, al recuerdo, a experiencias convertidas en sentimientos. También aparece el amor, el desengaño, el deseo de evasión, la desesperanza y la muerte.

- Su pureza y humildad, junto con su engañosa sencillez, suponen la "culminación de la poesía del sentimiento y de la fantasía", en palabras de Jorge Guillén, y como dijo Luis Cernuda:

> "Desempeñan en nuestra poesía moderna, un papel equivalente al de Garcilaso en nuestra poesía clásica: el de crear una nueva tradición que llega a sus descendientes."

9. ROSALÍA DE CASTRO.

9.1 BIOGRAFÍA

Nació en Santiago de Compostela en 1837. El ser hija ilegítima, era hija natural de un sacerdote y de una mujer perteneciente a la pequeña nobleza rural gallega, constituyó para ella un motivo de incurable amargura.

Fue educada por sus tías paternas en Ortoño y Padrón antes de reunirse con su madre. Reside con su madre en Santiago desde 1847. En Santiago participó en las actividades teatrales del grupo «Liceo de la juventud».

Se fue a Madrid en 1856 y allí publicó a comienzos del año siguiente una primera antología breve de poesías, *La Flor*, donde el amor y la reflexión sobre el mundo ya están teñidos de dolor. En octubre de 1858 contrajo matrimonio con el notable historiador gallego Manuel Murguía. A partir de ese momento su vida se dividió entre sus tareas como madre de familia y trabajos literarios realizados en un relativo retiro. Vivieron en diversos lugares de Castilla, pero Rosalía nunca sintió simpatía por esta región. Regresan a Galicia (La Coruña, Santiago, Padrón).

Su vida estuvo llena de penalidades. Murió de cáncer de útero en Iria Flavia, término municipal de Padrón en 1885. Sus restos fueron trasladados en 1891 a un monumento funerario erigido por suscripción popular en la iglesia compostelana de Santo Domingos de Bonaval, hoy panteón de gallegos ilustres.

9.2 OBRA LITERARIA

Escribió algunas novelas, pero sobre todo destacó como poeta. Su obra literaria se puede resumir en los siguientes libros:

- ***La Flor*** (1857), es su primer libro de poemas.
- Dos novelas sentimentales de espíritu romántico: ***La hija del mar*** (1859) y ***Flavio*** (1861).
- ***A mi madre*** (1863), breve antología de poemas, dedicada, al morir su madre, al recuerdo de su vida en común.

- ***Cantares gallegos*** (1863), escrito en gallego durante su estancia en Castilla con añoranza de Galicia. Es un libro de resonancias populares y temas costumbristas en el que la autora transmite con delicada ternura su amor a la tierra gallega: los valles, los ríos, el trabajo de los campesinos,...

- ***Ruinas*** (1866), es un regreso a la prosa. Es una novela de costumbres provinciana. Fue publicada por entregas en *El Museo Universal* de Madrid

- ***El caballero de las botas azules*** (1866), es una novela satírico-moral.

- ***Follas novas*** (1880), escrito también en gallego, con sentimientos de dolor y desengaño.

- ***En las orillas del Sar*** (1884), libro capital de la lírica castellana, que es una atormentada confesión de su intimidad.

Follas novas y *En las orillas del Sar* supone un cambio importante respecto a su producción anterior. Se trata de una poesía existencial e intimista en la que predomina un sentimiento mezcla de melancolía, angustia y soledad. Con honda emoción, Rosalía expresa su dolor interior, su desesperanza y el desamparo de la condición humana.

Los poemas de Follas novas muestran una visión
melancólica, y a veces amarga, de la existencia, que
evoluciona hacia el pensamiento radical y desesperanzado
de *En las orillas del Sar*

A veces, sus versos tienen una dimensión social, pues abordan temas como la injusticia y el infortunio de los campesinos y de los obreros.

Se habla de influjos mutuos entre Bécquer y Rosalía, pero no están demostrados. El sevillano es más «puro», más austero de medios expresivos. Como contrapartida, Rosalía ofrece una riqueza temática muy superior, no olvida el dolor ajeno, y es sensible a la naturaleza.

10. OTROS POÉTAS ROMÁNTICOS.

Para finalizar este análisis de los poetas del romanticismo español, vamos a realizar una lista de otros poetas de este periodo junto con sus obras más destacadas:

- El duque de Rivas (1791-1865)

  Destacamos las obras: ***El moro expósito (1834) y Romances históricos (1841)***

- José Zorrilla (1817-1893)

  Se dio a conocer en el funeral de Larra con la lectura de una elegía junto a la tumba de éste. Destacó como dramaturgo (***Don Juan Tenorio; El zapatero y el re; El puñal de godo; Traidor, incofeso y martir***). Como poeta, su fama reside en sus leyendas (***Para verdades el tiempo y para justicia Dios; A buen juez, mejor testigo; El capitán Montoya; Margarita la tornera***) y la obra ***Los cantos del trovador*** (1840)

- Nicomedes Pastor Díaz (1811-1863)

Fue rector de la universidad de Madrid y ministro. Autor de delicados poemas (***Al Eresma, Al acueducto de Segovia, La mariposa negra, A la Luna***) y de una novela sentimental interesantísima ***De Villahermosa a la China.***

- Gregorio Romero Larrañaga (1815-1872)

Es uno de los fundadores del Liceo Artístico y literario y miembro muy activo del grupo romántico de la primera hora. Su poema más nombrado es el titulado ***El de la cruz colorada***.

- Salvador Bermúdez de Castro (1814-1883)

Ensayos poéticos (1840) es su único libro ya que abandonó la literatura para dedcarse por completo a la política y la diplomacia. En cuanto a la métrica, se le considera como el creador de una variante de la octava, que es la llamada « bemudina »: con los endecasílabos cuarto y octavo terminados en agudo

- Juan Arolas (1805-1849)

Fue sacerdote escolapio. Desarrolló temas exóticos con rica fantasía y fluida versificación, destacamos su obra ***Poesías orientales, religiosas, caballerescas y amatorias (1842),*** donde encontramos una apelación a la Edad Media y la exaltación de un Oriente lejano.

- Enrique Gil y Carrasco (1815-1846)

Autor de la conocida novela histórica El señor de Bembibre. En la lírica se complace en asuntos intemporales, nimios en apariencia. Gumersindo Laverde, prologuista de sus ***Poesías líricas*** afirmaba de Gil y Carrasco que era un poeta de intensa ternura, de apacible y melancólico idealismo y de suavidad incomparable. Destacamos sus obras: ***La violeta, La nube blanca, La mariposa*** y ***La gota de rocío.***

- Gertrudis Gómez de Avellaneda (1814-1876)

Entre los motivos más directos de su poesía tenemosl : la naturaleza (***Al mar***, ***Al Sol***), el amor humano (***Amor y orgullo, A***

él, La venganza) y el sentimiento religioso (***La Cruz***, ***La plegaria a la Virgen***)

- Carolina Coronado (1820-1911)

  Nacida en Almendralejo. Es autora de poemas de inspiración sentimental o religiosa. Destacamos: ***El amor de los amores*** (poema en la línea del Cantar de los Cantares bíblico y del Canto espiritual de San Juan de la Cruz) y ***La rosa blanca*** *(*poema amoroso y descriptivo donde logra cierta originalidad con el uso de recursos de la poesía mística para expresar su sensualidad y cierto deísmo naturalista)

11. ACTIVIDADES PARA EL AULA.

Lectura nº1: ***El Estudiante de Salamanca. Análisis argumental***

Lectura nº2: ***El Diablo Mundo Canto a Teresa (1)***

Lectura nº3: ***El Diablo Mundo Canto a Teresa (2)***

Lectura nº4: ***La Canción del Pirata***

Lectura nº5: El Rayo de luna (Leyenda)

Lectura nº6: Rima LIII (Volverán las oscuras golondrinas ...)

Lectura nº7: Rima VII (Del salón en el lado oscuro ...)

Lectura nº8: Rima LII (Olas gigantes que os rompéis bramando ...)

Lectura nº9: Rima XI (Yo soy ardiente, yo soy morena...)

Lectura nº10 Rima XVII (Hoy la tierra y los cielos me sonríen...)

Lectura nº11 Rima XLVIII (Como se arranca el hierro a una herida...)

Lectura nº12: Rima LVI (Hoy como ayer, mañana como hoy...)

Lectura nº13: En las orillas del Sar

Lectura nº14: Follas Novas

La primera parte se dedica a presentar a los dos protagonistas. Don Félix, en un ambiente nocturno y sobrecogedor, acaba de matar a un hombre. Podemos observar la orientación semántica del léxico hacia lo aterrador y fantasmal

Era más de media noche,
antiguas historias cuentan,
cuando en sueño y en silencio
lóbrego envuelta la tierra,
los vivos muertos parecen,
los muertos la tumba dejan.
Era la hora en que acaso
temerosas voces suenan
informes, en que se escuchan
tácitas pisadas huecas,
y pavorosas fantasmas
entre las densas tinieblas
vagan, y aúllan los perros
amedrentados al verlas:
En que tal vez la campana
de alguna arruinada iglesia
da misteriosos sonidos
de maldición y anatema,
que los sábados convoca
a las brujas a su fiesta.

El cielo estaba sombrío,
no vislumbraba una estrella,
silbaba lúgubre el viento,
y allá en el aire, cual negras
fantasmas, se dibujaban
las torres de las iglesias,
y del gótico castillo
las altísimas almenas,
donde canta o reza acaso
temeroso el centinela.
Todo en fin a media noche
reposaba, y tumba era
de sus dormidos vivientes
la antigua ciudad que riega
el Tormes, fecundo río,
nombrado de los poetas,
la famosa Salamanca,
insigne en armas y letras,
patria de ilustres varones,
noble archivo de las ciencias.
Súbito rumor de espadas
cruje y un ¡ay! se escuchó;
un ay moribundo, un ay

que penetra el corazón,
que hasta los tuétanos hiela
y da al que lo oyó temblor.
Un ¡ay! de alguno que al mundo
pronuncia el último adiós.
El ruido
cesó,
un hombre
pasó
embozado,
y el sombrero
recatado
a los ojos
se caló.
Se desliza
y atraviesa
junto al muro
de una iglesia
y en la sombra
se perdió.[…]

La descripción de Salamanca se interrumpe con la aparición de unos brevísimos elementos dramáticos a partir del verso 41. Con esos versos aparece el movimiento, con un corte brusco y radical. Cambia el acento, la mesura, la rima, versos trisílabos y tetrasílabos. Con esos versos breves se intenta crear una noción de movimiento brusco, inesperado.

El hombre al que se refieren los últimos versos es don Félix de Montemar, que sube por la calle del Ataúd, alumbrado sólo por el candil que arde ante una imagen de Cristo. Después de la aparición de don Félix, se vuelve a la descripción de Salamanca, esta vez más concreta, de la calle del Ataúd, y dentro de ella la imagen de una lamparilla que alumbra una imagen de Jesús, esa lucecilla permite descubrir al hombre embozado. A esa calle y a esa imagen volverá el poeta en la parte 4.ª con un “Ay, del muerto” retomando la imagen del Jesucristo imaginado.

Una calle estrecha y alta,
la calle del Ataúd
cual si de negro crespón
lóbrego eterno capuz
la vistiera, siempre oscura
y de noche sin más luz
que la lámpara que alumbra
una imagen de Jesús,
atraviesa el embozado
la espada en la mano aún,
que lanzó vivo reflejo
al pasar frente a la cruz.

Una imagen iluminada permite descubrir al embozado (versos del 100 al 140), enmarcado entre dos nombres propios, el del primer verso del retrato (Segundo Don Juan Tenorio) y el último verso ("don Félix de Montemar"). Entre estos versos se describe el retrato de Don Félix como calavera, bravucón, pendenciero, típico de la comedia barroca.

Segundo don Juan Tenorio,
alma fiera e insolente,
irreligioso y valiente,
altanero y reñidor:
Siempre el insulto en los ojos,
en los labios la ironía,
nada teme y toda fía
de su espada y su valor.
Corazón gastado, mofa
de la mujer que corteja,
y, hoy despreciándola, deja
la que ayer se le rindió.
Ni el porvenir temió nunca,
ni recuerda en lo pasado
la mujer que ha abandonado,
ni el dinero que perdió.
Ni vio el fantasma entre sueños
del que mató en desafío,
ni turbó jamás su brío
recelosa previsión.
Siempre en lances y en amores,
siempre en báquicas orgías,
mezcla en palabras impías
un chiste y una maldición.
En Salamanca famoso
por su vida y buen talante,
al atrevido estudiante
le señalan entre mil;
fuero le da su osadía,
le disculpa su riqueza,
su generosa nobleza,
su hermosura varonil.

Que en su arrogancia y sus vicios,
caballeresca apostura,
agilidad y bravura
ninguno alcanza a igualar:

Que hasta en sus crímenes mismos,
en su impiedad y altiveza,
pone un sello de grandeza
don Félix de Montemar.

Otro retrato de don Félix, entre los versos 1245-1260, Parte IV, no coincide exactamente con esta primera definición, diferencia que se explica por el diferente tiempo de creación de la obra. En este retrato se representa casi a la perfección al héroe satánico y titánico típico del romanticismo. Es el héroe que se opone al orden divino en lo social y lo religioso.

Grandiosa, satánica figura,
alta la frente, Montemar camina,
espíritu sublime en su locura,
provocando la cólera divina:
fábrica frágil de materia impura,
el alma que la alienta y la ilumina,
con Dios le iguala, y con osado vuelo
se alza a su trono y le provoca a duelo.
Segundo Lucifer que se levanta

del rayo vengador la frente herida,
alma rebelde que el temor no espanta,
hollada sí, pero jamás vencida:
el hombre en fin que en su ansiedad quebranta
su límite a la cárcel de la vida,
y a Dios llama ante él a darle cuenta,
y descubrir su inmensidad intenta.

La parte primera termina con 5 octavas (aquí reproducimos la primera de ellas) utilizadas para describir al personaje de Elvira. La descripción de Elvira se realiza con versos endecasílabos, que resultan lentos, suaves, armónicos

Bella y más segura que el azul del cielo
con dulces ojos lánguidos y hermosos,
donde acaso el amor brilló entre el velo
del pudor que los cubre candorosos;
tímida estrella que refleja al suelo
rayos de luz brillantes y dudosos,
ángel puro de amor que amor inspira,
fue la inocente y desdichada Elvira. [...]

En la segunda parte, Elvira aguarda a don Félix. Inútilmente, porque él ya le ha olvidado. El siguiente fragmento describe la locura de doña Elvira.

> Vedla, allí va que sueña en su locura,
> presente el bien que para siempre huyó.
> Dulces palabras con amor murmura:
> Piensa que escucha al pérfido que amó.
>
> Vedla, postrada su piedad implora
> cual si presente la mirara allí:
> Vedla, que sola se contempla y llora,
> miradla delirante sonreír.

Doña Elvira no se corresponde con la doncella pasiva tradicional. Hasta el último instante Elvira insiste en la verdad de su amor y no se arrepiente de lo que se le podía acusar como pecado:

> «Voy a morir: perdona si mi acento
> vuela importuno a molestar tu oído:

La desventurada muchacha muere de amor. El último fragmento es la epístola o carta de despedida perdonándolo. Está escrita en octavas y serventesios.

»Adiós por siempre, adiós: un breve instante
siento de vida, y en mi pecho el fuego
aún arde de mi amor; mi vista errante
vaga desvanecida... ¡calma luego,
oh muerte, mi inquietud!... ¡Sola... expirante!...
Ámame: no, perdona: ¡inútil ruego!
¡Adiós! ¡adiós! ¡tu corazón perdí!
-¡Todo acabó en el mundo para mí!»

La tercera parte combina, muy al gusto romántico, la narración y el diálogo. En una habitación están jugando a las cartas seis hombres apostando fuerte. Don Félix llega, arrogante, desesperado y cínico, y empieza perdiendo. No duda en apostar el retrato de su amada cuando se queda sin dinero. Entra embozado don Diego de Pastrana, hermano de Elvira, que viene a desafiar a Montemar, para vengarla. Él está ganando ahora en el juego y no le hace ningún caso.

D. FÉLIX
Gané otra vez.
(Al embozado.) No he entendido
qué dijisteis, ni hice aprecio
de si hablasteis blando o recio
cuando me habéis respondido.

D. DIEGO
A solas hablar querría.

D. FÉLIX
Podéis, si os place, empezar,
que por vos no he de dejar
tan honrosa compañía.
Y si Dios aquí os envía
para hacer mi conversión,
no despreciéis la ocasión
de convertir tanta gente,

mientras que yo humildemente
aguardo mi absolución.

D. DIEGO (Desembozándose con ira.)
Don Félix, ¿no conocéis
a don Diego de Pastrana?

D. FÉLIX A vos no, mas sí a una hermana
que imagino que tenéis.

D. DIEGO ¿Y no sabéis que murió?

D. FÉLIX Téngala Dios en su gloria

D. DIEGO Pienso que sabéis su historia,
y quién fue quien la mató.

D. FÉLIX (Con sarcasmo.)
¡Quizá alguna calentura!

D. DIEGO ¡Mentís vos!

D. FÉLIX Calma, don Diego,
que si vos os morís luego,
es tanta mi desventura,
que aún me lo habrán de achacar,
y es en vano ese despecho,
si se murió, a lo hecho, pecho,
ya no ha de resucitar.

D. DIEGO

Os estoy mirando y dudo
si habré de manchar mi espada
con esa sangre malvada,
o echaros al cuello un nudo
con mis manos, y con mengua,
en vez de desafiaros,
el corazón arrancaros
y patearos la lengua [...]
¡Villano!

(Tira de la espada; todos los jugadores se interponen.)

TODOS

Fuera de aquí
a armar quimera.

D. FÉLIX

(Con calma, levantándose.)
Tened,
don Diego, la espada, y ved
que estoy yo muy sobre mí,
y que me contengo mucho,
no sé por qué, pues tan frío
en mi colérico brío
vuestras injurias escucho.

D. DIEGO (Con furor reconcentrado y con la espada desnuda.)

Salid de aquí; que a fe mía,
que estoy resulto a mataros,
y no alcanzara a libraros
la misma virgen María. […]
Venid conmigo.

D. FÉLIX Allá voy;
pero si os mato, don Diego,
que no me venga otro luego
a pedirme cuenta

La cuarta parte tiene más de mil versos. Don Félix ha matada a don Diego y cuando regresa por la calle del Ataúd, ve una fantasmal mujer que reza ante la imagen de Cristo. Don Félix corteja aquella sombra flotante. La aparición le pide que no continúe desafiando a Dios, pero él la sigue. Toda la acción de don Félix se basa en el deseo de saber quién es esa extraña dama, de tomar a la figura y ver lo que hay tras el velo. Este deseo viene dado por la inquietud, propia del romanticismo, la ansiedad que le lleva a la persecución de la dama sin percatarse en el peligro en que ha caído, el descubrirle la cara a su miedo. Es el héroe que se opone al orden divino en lo social y lo religioso

> «Dios presume asustarme: ¡ojalá fuera,
> -dijo entre sí riendo- el diablo mismo!
> que entonces, vive Dios, quién soy supiera
> el cornudo monarca del abismo.»
>
> Al pronunciar tan insolente ultraje
> la lámpara del Cristo se encendió:
> y una mujer velada en blanco traje,
> ante la imagen de rodillas vio.

Doña Elvira, como voz de la conciencia, amenaza a don Félix con penas eternas si le sigue. Don Félix, pertinaz, se niega a reconocer el Más Allá con el que le amenaza la Dama, dudando de la eternidad, se aferra al presente, al placer y en consecuencia su conciencia (la Dama) le conduce al infierno. Don Félix no hace caso de los avisos de la Dama (versos 942-1190) y sigue sus pasos.

Se inicia con la caminata descrita con un movimiento vertiginoso y delirante. Empieza el alucinante viaje entre sombras de espectros, ecos de muerte. La ciudad deja de ser Salamanca y pasa a convertirse en una ciudad espectra

Y una calle y otra cruzan,
y más allá y más allá:
ni tiene término el viaje,
ni nunca dejan de andar,
y atraviesan, pasan, vuelven,
cien calles quedando atrás,
y paso tras paso siguen,
y siempre adelante van;
y a confundirse ya empieza
y a perderse Montemar,
que ni sabe a dó camina,
ni acierta ya dónde está;[...]

El movimiento rápido está conseguido a través de los versos rápidos, romances, y por la yuxtaposición. Suenan campanas, lo rodean espectros... De pronto, silencio y soledad. Es la ciudad de los muertos, por la que pasa un entierro con dos cadáveres

> Mas ¡cuál su sorpresa, su asombro cuál fuera,
> cuando horrorizado con espanto ve
> que el uno don Diego de Pastrana era,
> y el otro, ¡Dios santo!, y el otro era él! [...]

Don Félix está vivo, y está contemplando algo sobrenatural, es la primera vez que aparece algo sobrenatural no explicable por las leyes de la naturaleza: o bien está realmente muerto y el mundo sobrenatural es real, o bien está vivo y el mundo de ultratumba es también real, por lo que lo sobrenatural existe.

En el romanticismo lo sobrenatural siempre estaba explicado como efecto de la alucinación de un personaje, aquí se nos fuerza a creer en lo sobrenatural. A partir de creer en ese hecho sobrenatural, el lector puede creer que don Félix va a descender a los infiernos:

Y la dama a una puerta se paró,
y era una puerta altísima, y se abrieron
sus hojas en el punto en que llamó,
que a un misterioso impulso obedecieron;
y tras la dama el estudiante entró;
ni pajes ni doncellas acudieron;
y cruzan a la luz de unas bujías
fantásticas, desiertas galerías.

Franquean la puerta y entran en un nuevo pasaje que es la muerte. Se inicia otra larguísima caminata en la que se agudiza más la idea de la imprecisión y pérdida de los límites. El tiempo rompe sus límites; la eternidad de la muerte es un movimiento incesante, pero sin objetivo, ni avanza ni retrocede, se permanece siempre en el mismo sitio, es un tiempo muerto que culmina con la imagen de la escalera o gradería. Al fin del largo corredor, don Félix sigue a su guía mientras va bajando una escalera.

El estudiante se mofa de todo lo que le está viviendo y sigue instando a la dama para que se le rinda. Todo aquel misterio lo enardece más:

> Grandiosa, satánica figura,
> alta la frente, Montemar camina,
> espíritu sublime en su locura,
> provocando la cólera divina:
> fábrica frágil de materia impura,
> el alma que la alienta y la ilumina,
> con Dios le iguala, y con osado vuelo
> se alza a su trono y le provoca a uelo.[…]

Llegan a un extraño monumento, que es lecho y tumba a la vez. Estamos ante los versos centrales donde se relatan el descubrimiento de la cara de la Dama (que es una calavera) y a continuación la unión de la calavera y don Félix

Y a su despecho y maldiciendo al cielo,
de ella apartó su mano Montemar,
y temerario alzándola a su velo,
tirando de él la descubrió la faz.

¡Es su esposo!, los ecos retumbaron,
¡La esposa al fin que su consorte halló!
Los espectros con júbilo gritaron:
¡Es el esposo de su eterno amor!

Y ella entonces gritó: ¡Mi esposo! Y era
(¡desengaño fatal!, ¡triste verdad!)
una sórdida, horrible calavera,
la blanca dama del gallardo andar...

Los espectros proclaman esposos a Montemar y Elvira y Don Diego lo confirma.Montemar continua alardeando cínicamente, y dice a Pastrana:

En cuanto a ese espectro que decís mi esposa,
raro casamiento venísme a ofrecer:
su faz no es por cierto ni amable ni hermosa,
mas no se os figure que os quiera ofender.

Por mujer la tomo, porque es cosa cierta,
y espero no salga fallido mi plan,
que en caso tan raro y mi esposa muerta,
tanto como viva no me cansará.

Mas antes decidme si Dios o el demonio
me trajo a este sitio, que quisiera ver
al uno o al otro, y en mi matrimonio
tener por padrino siquiera a Luzbel:

Cualquiera o entrambos con su corte toda,
estando estos nobles espectros aquí,
no perdiera mucho viniendo a mi boda...
Hermano don Diego, ¿no pensáis así?

Tal dijo don Félix con fruncido ceño,
en torno arrojando con fiero ademán
miradas audaces de altivo desdeño,
al Dios por quien jura capaz de arrostrar.

El cariado, lívido esqueleto,
los fríos, largos y asquerosos brazos,
le enreda en tanto en apretados lazos,
y ávido le acaricia en su ansiedad:
y con su boca cavernosa busca
la boca a Montemar, y a su mejilla
la árida, descarnada y amarilla
junta y refriega repugnante faz.

Los espectros bailan una danza macabra, celebrando las espantosas nupcias. Por fin, Montemar desfallece y muere

Y vio luego
una llama
que se inflama
y murió;
y perdido,
oyó el eco
de un gemido
que expiró.
Tal, dulce

suspira
la lira
que hirió,
en blando
concepto,
del viento
la voz,
leve,
breve
son.

A continuación, proponemos un comentario de textos relativo a los versos 1-20 de la primera parte:

CUESTIONES

1. ¿Qué rasgos de ambiente caracterizan este fragmento como romántico?
2. ¿Qué pretende con el adjetivo “antiguas historias”? (verso 2)
3. ¿Es abundante o no la adjetivación del fragmento? Sus rasgos románticos
4. Efectos de simetría y repetición, es decir, de función poética que Espronceda produce en este fragmento
5. ¿En qué estrofa está escrito?
6. ¿Por qué riman las palabras iglesia y anatema aunque no terminan con los mismos fonemas vocálicos?

¡Oh Teresa! ¡Oh dolor! Lágrimas mías,
¡ah!, ¿dónde estáis que no corréis a mares?
¿Por qué, por qué como en mejores días
no consoláis vosotras mis pesares?
¡Oh!, los que no sabéis las agonías
de un corazón que penas a millares
¡ay!, desgarraron, y que ya no llora,
¡piedad tened de mi tormento ahora!

¡Oh!, ¡dichosos mil veces!, sí, dichosos,
los que podéis llorar, y, ¡ay!, sin ventura
¡de mí, que entre suspiros angustiosos

ahogarme siento en infernal tortura!
¡Retuércese entre nudos dolorosos
mi corazón, gimiendo de amargura!
También tu corazón hecho pavesa,
¡ay!, llegó a no llorar ¡pobre Teresa!

CUESTIONES

1. En las 44 estrofas del Canto a Teresa, Espronceda grita su dolor, expresando con imágenes intensas su sufrimiento, en un tono exaltado y vibrante, apasionado y sonoro. ¿Qué efecto logran sobre la expresión los versos de arte mayor y la rima consonante? ¿Qué nombre recibe esta estrofa?

2. ¿Cuál es el tema de estas dos estrofas? ¿Por qué crees que Espronceda y Teresa ya no pueden llorar?

3. ¿Qué actitud del lenguaje lírico ha elegido Espronceda para el Canto?

4. ¿Qué impresión produce en el ánimo del receptor el gran número de interjecciones, exclamaciones y preguntas que hace el poeta?

5. El poeta, desde su yo, manifiesta el dolor por haber perdido a Teresa. ¿con qué formas gramaticales alude a ese yo?

6. Busca en el texto los nombres y adjetivos que significan "dolor"

7. Los "corazones" de Espronceda y de Teresa son sujetos de acciones de gran fuerza plástica y emocional. Indica los verbos que las expresan.

8. Explica las dos imágenes relativas al corazón que emplea el poeta para comunicar el sufrimiento de ambos.

Aún parece, Teresa, que te veo
aérea como dorada mariposa,
en sueño delicioso del deseo,
sobre tallo gentil temprana rosa,
del amor venturoso devaneo,
angélica, purísima y dichosa,
y oigo tu voz dulcísima, y respiro
tu aliento perfumado en tu suspiro. [...]

Los años, ¡ay!, de la ilusión pasaron
las dulces esperanzas que trajeron
con sus blancos ensueños se llevaron,
y el porvenir de oscuridad vistieron.
Las rosas del amor se marchitaron,
las flores en abrojos convirtieron,
y de afán tanto y tan soñada gloria,
sólo quedó una tumba, una memoria. [...]

Gocemos sí; la cristalina esfera
gira bañada en luz; ¡bella es la vida!
¿Quién a parar alcanza la carrera
del mundo hermoso que al placer convida?
Brilla radiante el sol la primavera
los campos pinta en la estación florida:
truéquese en risa mi dolor profundo
¡que haya un cadáver más qué importa al mundo!

CUESTIONES

1. El amor y la mujer son motivos esenciales de la poesía romántica. ¿Con qué adjetivos describe el poeta a la mujer y qué metáforas utiliza al referirse a su belleza y a su juventud? (primera estrofa) .¿Qué palabras expresan la antítesis entre los momentos de gozo amoroso y los de desengaño y desilusión? (segunda estrofa)

2. La última estrofa es un sarcasmo; es decir, el poeta expresa su dolor mediante una ironía brutal y amarga. ¿Cómo se manifiesta en el texto?

3. Analiza la métrica del texto: nombre de la estrofa, verso utilizado, clase de rima y versos que riman entre si.

Lectura nº4. La Canción del pirata

En los versos de la *Canción del pirata* podemos comprobar el contagio emocional que consigue el poeta sumando, al atractivo del personaje y al grito de libertad, la alternancia de voces en el monólogo dramático, el lenguaje exaltado y sonoro, la polimetría y variedad de estrofas, la rima aguda y el vigor expresivo y colorista de las imágenes

Con diez cañones por banda,
Viento en popa, a toda vela,
No corta el mar, sino vuela
Un velero bergantín:
Bajel pirata que llaman
Por su bravura el Temido,
En todo el mar conocido
Del uno al otro confín.

La luna en el mar rïela,
En la lona gime el viento,
Y alza en blando movimiento
Olas de plata y azul;
Y ve el capitán pirata,
Cantando alegre en la popa,
Asia a un lado, a otro Europa,
Y allá a su frente Estambul (

«Navega, velero mío,
Sin temor,
Que ni enemigo navío,
Ni tormenta, ni bonanza
Tu rumbo a torcer alcanza,
Ni a sujetar tu valor.

»Veinte presas
Hemos hecho
A despecho
Del inglés,
Y han rendido
Sus pendones
Cien naciones
A mis pies.

»Que es mi barco mi tesoro,
Que es mi Dios la libertad,
Mi ley, la fuerza y el viento,
Mi única patria la mar.

»Allá muevan feroz guerra
    Ciegos Reyes
Por un palmo más de tierra,
Que yo aquí tengo por mío
Cuanto abarca el mar bravío,
A quien nadie impuso leyes.

    »Y no hay playa,
    Sea cualquiera,
    Ni bandera
    De esplendor,
    Que no sienta
    Mi derecho
    Y dé pecho
    A mi valor.

»Que es mi barco mi tesoro,
Que es mi Dios la libertad,
Mi ley, la fuerza y el viento,
Mi única patria la mar.

»A la voz de '¡barco viene!'
Es de ver
Cómo vira y se previene
A todo trapo a escapar:
Que yo soy el rey del mar,
Y mi furia es de temer.

»En las presas
Yo divido
Lo cogido
Por igual.
Sólo quiero
Por riqueza
La belleza
Sin rival.

»Que es mi barco mi tesoro,
Que es mi Dios la libertad,
Mi ley, la fuerza y el viento,
Mi única patria la mar.

»¡Sentenciado estoy a muerte!
    Yo me río;
No me abandone la suerte,
Y al mismo que me condena
Colgaré de alguna entena
Quizá en su propio navío.

    »Y si caigo,
    ¿Qué es la vida?
    Por perdida ya la di,
    Cuando el yugo
    Del esclavo,
    Como un bravo,
    Sacudí.

»Que es mi barco mi tesoro,
Que es mi Dios la libertad,
Mi ley, la fuerza y el viento,
Mi única patria la mar.

»Son mi música mejor
Aquilones,
El estrépito y temblor
De los cables sacudidos,
Del ronco mar los bramidos
Y el rugir de mis cañones.

»Y del trueno
Al son violento,
Y del viento
Al rebramar,
Yo me duermo
Sosegado,
Arrullado
Por el mar.»

»Que es mi barco mi tesoro,
Que es mi Dios la libertad,
Mi ley, la fuerza y el viento,
Mi única patria la mar.»

CUESTIONES

1. Análisis métrico del poema
2. Subraya en rojo las palabras del poema que muestran el individualismo del poeta, en azul el deseo de evasión y en verde la identificación con el paisaje.
3. Señala algunos recursos literarios que encuentres en el texto.
4. ¿Qué efecto se produce con la utilización de versos cortos?

« La noche estaba serena y hermosa; la luna brillaba en toda su plenitud en lo más alto del cielo, y el viento suspiraba con un rumor dulcísimo entre las hojas de los árboles.

Manrique llegó al claustro, tendió la vista por su recinto y miró a través de las macizas columnas de sus arcadas... Estaba desierto.

Salió de él, encaminó sus pasos hacia la oscura alameda que conduce al Duero, y aún no había penetrado en ella, cuando de sus labios se escapó un grito de júbilo.

Había visto flotar un instante, y desaparecer, el extremo del traje blanco, del traje blanco de la mujer de sus sueños, de la mujer que ya amaba como un loco.

Corre, corre en su busca, llega al sitio en que la ha visto desaparecer; pero al llegar se detiene, fija los espantados ojos en el suelo, permanece un rato inmóvil; un ligero temblor nervioso agita sus miembros; un temblor que va creciendo, que va creciendo, y ofrece los síntomas de una verdadera convulsión, y prorrumpe, al fin, en una carcajada sonora, estridente, horrible.

Aquella cosa blanca, ligera, flotante, había vuelto a brillar ante sus ojos, pero había brillado a sus pies un instante, no más que un instante.

Era un rayo de luna, un rayo de luna que penetraba a intervalos por entre la verde bóveda de los árboles cuando el viento movía sus ramas.»

CUESTIONES

1. ¿En qué expresión se advierte la personificación de la naturaleza?

2. ¿En qué párrafo del texto se describe la arquitectura (probablemente gótica? Como elemento ambiental del texto?

3. ¿Por qué Manrique experimenta una fuerte convulsión y una gran decepción final?

4. Además del pretérito imperfecto simple, ¿qué otros tiempos o formas verbales predominan en este fragmento?

5. ¿Con qué intención se acumulan las formas verbales en el párrafo quinto?

Lectura nº6. Rima LIII (Volverán las oscuras golondrinas...)

Volverán las oscuras golondrinas
en tu balcón sus nidos a colgar,
y otra vez con el ala a sus cristales
jugando llamarán.

Pero aquéllas que el vuelo refrenaban
tu hermosura y mi dicha a contemplar,
aquéllas que aprendieron nuestros nombres...
ésas... ¡no volverán!

Volverán las tupidas madreselvas
de tu jardín las tapias a escalar
y otra vez a la tarde aun más hermosas
sus flores se abrirán.

Pero aquellas cuajadas de rocío
cuyas gotas mirábamos temblar
y caer como lágrimas del día...
ésas... ¡no volverán!

Volverán del amor en tus oídos
las palabras ardientes a sonar,
tu corazón de su profundo sueño
tal vez despertará.

Pero mudo y absorto y de rodillas,
como se adora a Dios ante su altar,
como yo te he querido... desengáñate,
nadie así te amará.

CUESTIONES

(a) ¿Qué medida, rima y estrofa presenta este poema?

(b) ¿A quién se dirige el poeta? ¿De qué habla: de amor, de dolor, de ambos? Justifícalo con ejemplos del texto.

¿Con qué imagen expresa la "devoción " que sentía su amada? ¿Qué significa en el poema la palabra sueño?

(c) El poema consta de seis estrofas que recorren tres escenas. ¿Cuáles son las palabras que, en forma paralelística, las señalan? ¿Quién o quiénes protagonizan cada una de ellas?

(d) Existe un verso que sirve de estribillo, ¿Cuál es? ¿Porqué cambia en el verso 24?

Lectura nº7. Rima VII

(Del salón en el lado oscuro...)

Del salón en el ángulo oscuro,
de su dueño tal vez olvidada,
silenciosa y cubierta de polvo
veíase el arpa.

¡Cuánta nota dormía en sus cuerdas
como el pájaro duerme en la rama
esperando la mano de nieve
que sabe arrancarlas!

¡Ay! -pensé-, ¡Cuántas veces el genio
así duerme en el fondo del alma,
y una voz, como Lázaro, espera
que le diga: "Levántate y anda"!

CUESTIONES

1. Indica el tema del poema. ¿A qué se está refiriendo el poeta? ¿Qué relación tiene con el proceso de creación poética?
2. ¿Qué palabra del texto actúa como símbolo que suscita el tema de esta composición?
3. Cita alguna comparación y alguna metáfora del poema.
4. ¿Qué puede ser "la mano de nieve"?
5. Explica el contenido de cada una de las estrofas
6. Escribe la forma métrica de cada estrofa: tipos de versos utilizados y clase de rima

Lectura nº8. Rima LII

(Olas gigantes que os rompéis bramando...)

Olas gigantes que os rompéis bramando
en las playas desiertas y remotas,
envuelto entre la sábana de espumas,
¡llevadme con vosotras!

Ráfagas de huracán que arrebatáis
del alto bosque las marchitas hojas,
arrastrado en el ciego torbellino,
¡llevadme con vosotras!

Nubes de tempestad que rompe el rayo
y en fuego ornáis las desprendidas orlas,
arrebatado entre la niebla oscura,
¡llevadme con vosotras!

Llevadme por piedad a donde el vértigo
con la razón me arranque la memoria.
¡Por piedad! ¡Tengo miedo de quedarme
con mi dolor a solas!

CUESTIONES

1. Señala el autor, la obra y el género literario al que pertenecen
2. Escribe el argumento y tema
3. ¿Qué elementos de la naturaleza aparecen en el poema?, ¿tienen alguna relación con los estados de ánimo del poeta? Razona tu respuesta.
4. El poema es una sucesión de imágenes sensoriales, mezcla de luz y sombra, como si fueran las descripciones de tres cuadros, sobre tres elementos básicos de la vida. ¿Qué formas adoptan estos elementos en la imaginación del poeta? ¿Evocan un mundo soñado o un mundo real? ¿Qué significado tendrá la elección de esas formas determinadas?
5. Realiza el análisis métrico del poema

Lectura nº9. Rima XI

(Yo soy ardiente, yo soy morena...)

—Yo soy ardiente, yo soy morena,
yo soy el símbolo de la pasión,
de ansia de goces mi alma está llena.
¿A mí me buscas?
—No es a ti: no.

—Mi frente es pálida, mis trenzas de oro:
puedo brindarte dichas sin fin.
Yo de ternura guardo un tesoro.
¿A mí me llamas?
—No: no es a ti.

—Yo soy un sueño, un imposible,
vano fantasma de niebla y luz.
Soy incorpórea, soy intangible:
no puedo amarte.
—¡Oh ven; ven tú!

CUESTIONES

1. En el poema se nos presentan tres tipos de mujeres ¿Qué caracteriza a cada una de ellas?
2. ¿Cuál prefiere el poeta y por qué?
3. Realizar el análisis métrico del poema

Lectura nº10. Rima XVII

(Hoy la tierra y los cielos me sonríen...)

Hoy la tierra y los cielos me sonríen,

hoy llega al fondo de mi alma el sol,

hoy la he visto... La he visto y me ha mirado...

¡Hoy creo en Dios!

CUESTIONES

1. Esta composición tiene cuatro versos. ¿Son de arte mayor o de arte menor? ¿tiene rima?, ¿asonante o consonante?. Representa la estrofa con cifras y letras. ¿Qué otras rimas, también muy conocidas y famosas, presentan la misma estructura?

2. ¿Qué recurso estilístico emplea el poeta en esta rima?. ¿Qué efecto consigue?. Explícalo.

3. ¿Qué función tienen los puntos suspensivos?, ¿y los signos de admiración?

4. El amor supone en Bécquer un encuentro. ¿Qué formas verbales lo expresan? ¿Es anterior o posterior a los otros hechos que se cuentan?

5. ¿Cómo se desarrolla el proceso amoroso en el alma del poeta romántico?

6. ¿Qué o quién lo desencadena? ¿Cuál es el término de ese proceso? ¿Cómo es el amor del poeta romántico que le lleva a creer en Dios?

Lectura nº11. Rima XLVIII

(Como se arranca el hierro de una herida...)

Como se arranca el hierro de una herida
su amor de las entrañas me arranqué,
aunque sentí al hacerlo que la vida
me arrancaba con él!

Del altar que le alcé en el alma mía
la voluntad su imagen arrojó,
y la luz de la fe que en ella ardía
ante el ara desierta se apagó.

Aún para combatir mi firme empeño
viene a mi mente su visión tenaz...
¡Cuándo podré dormir con ese sueño
en que acaba el soñar!!

CUESTIONES

1. Esta rima está estructurada en tres tiempos, que se corresponden con tres estrofas iguales. Indica el tema de cada una y tipifícalas formalmente
2. Explica las dos imágenes de las que se vale Bécquer (estrofas 1 y 2) para expresar su decisión de terminar una relación.
3. ¿A quién tiene que llamar en su ayuda para «arrojar su imagen»?
4. ¿Confiesa que lo ha conseguido del todo? Explícalo.

Lectura nº12. Rima LVII

(Hoy como ayer, mañana como hoy…)

Hoy como ayer, mañana como hoy,
¡y siempre igual!
Un cielo gris, un horizonte eterno
y andar... andar.

Moviéndose a compás como una estúpida
máquina el corazón:
la torpe inteligencia del cerebro
dormida en un rincón.

El alma, que ambiciona un paraíso,
buscándole sin fe;
fatiga sin objeto, ola que rueda
ignorando por qué.

Voz que incesante con el mismo tono
canta el mismo cantar,
gota de agua monótona que cae
y cae sin cesar.

Así van deslizándose los días
unos de otros en pos,
hoy lo mismo que ayer... y todos ellos
sin gozo ni dolor.

¡Ay, a veces me acuerdo suspirando
del antiguo sufrir!
¡Amargo es el dolor, pero siquiera
padecer es vivir!

CUESTIONES

1. ¿Cuál es el tema de la rima?
2. En ella enumera distintas acciones que se repiten: ¿Cuáles son? ¿Mediante qué recursos retóricos expresa esa monotonía? ¿Qué concepción de la vida se deduce de estos versos?
3. Indica la estructura y versificación del poema (verso, rima y estrofa)
4. La rima termina con una lamentación en forma exclamativa. ¿Qué quiere decir en esta última estrofa? ¿Cómo relaciona amor, vida y muerte?

Yo no sé lo que busco eternamente
en la tierra, en el aire y en el cielo;
yo no sé lo que busco, pero es algo
que perdí no sé cuándo y que no encuentro,
aun cuando sueñe que invisible habita
en todo cuanto toco y cuanto veo.
Felicidad, no he de volver a hallarte
en la tierra, en el aire ni en el cielo;
¡aun cuando sé que existes
y no eres vano sueño!

CUESTIONES

1. ¿Cuál es el tema de este poema?
2. ¿Qué es lo que busca y no encuentra la escritora?
3. Algunos elementos de la lírica de Rosalía están también presentes en Espronceda y en Bécquer: la presencia del yo, la expresión de los sentimientos y el apóstrofe lírico. Justifica las coincidencias y las diferencias entre los tres.
4. Localiza en el texto un ejemplo de anáfora y otro de paralelismo.
5. ¿Por qué crees que se repite: «Yo no sé...Yo no sé...»? ¿Cómo se llama este recurso de estilo? ¿qué está expresando?
6. Analiza sintácticamente:«Felicidad, no he de volver a hallarte en la tierra, en el aire ni en el cielo, aunque sé que existes y no eres vano sueño».
7. Comenta comparativamente los elementos de este poema que están también presentes en las *Rima LIII* de Bécquer: medida, rima, estrofa, lenguaje y tono.
8. Rosalía emplea la palabra sueño dos veces: ¿qué significa en cada uno de los dos casos?; ¿tiene que ver con el sueño de la *Rima* de Bécquer?

Aquelas risas sin fin ,	Aquellas risas sin fin ,
aquel brincar sin dolor,	aquel brincar sin dolor,
aquela louca alegría	aquella loca alegría
¿por qué se acabóu?	¿por qué se acabó?
Aqueles doces cantares,	Aquellos dulces cantares
aquelas falas de amor,	aquellas hablas de amor,
aquelas noites serenas	aquellas noches serenas
¿por qué non son?	¿por qué no son?
Aquel vibrar sonoroso,	Aquel vibrar sonoroso,
das cordas da arpa o os sons	dDe dulces arpas y el son
da guitarra melancólica	de guitarras melancólicas
¿quién os llevóu?	¿quién los llevo?

Todo é silensio mudo,

soidá, delor,

onde outro tempo a dicha

sola reinóu …

¡Padrón…! ¡Padrón…!

Santa María… Lestrove

¡Adiós! ¡Adiós!

Todo es silencio mudo,

soledad, pavor,

donde antaño la dicha

sola reinó …

¡Padrón…! ¡Padrón…!

Santa María… Lestrove

¡Adiós! ¡Adiós!

CUESTIONES

1. ¿Con qué tópico literario se relacionan las tres preguntas con que acaban las tres primeras estrofas?

2. ¿Qué palabras indican la lejanía de la felicidad pasada? ¿En qué cifra la felicidad?

3. ¿Qué versos refieren la situación presente? ¿Cómo definirías esta situación?

4. En el prólogo de libro, la autora nos expresa que muchos de sus versos están escritos en Castilla, «pensados e sentidos nas soidades da natureza e do meu corazón, filos cativos das horas de enfermedade e de ausencia». ¿Se puede relacionar estas palabras con los tres últimos versos, en los que figuran nombres de lugares gallegos?

5. Relaciona y contrasta el sentido del poema de Rosalía con el poema de la lectura anterior del libro *En las orillas del Sar.*

12. BIBLIOGRAFÍA.

Shaw, Donald L., *Historia de la literatura española, Tomo 5, El siglo XIX,* Barcelona: ed.Ariel , 1983.

Menéndez Peláez, Jesús, Ignacio Arellano, José M. Caso González y J.M. Martínez Cachero*, Historia de la literatura española, Volumen III, siglos XVIII, XIX y XX,* León: ed.Everest, 1999.

Lloredo Álvarez, Manuel*, El movimiento romántico y el realismo,* Madrid:ed.Santillana, 1990 .

Canavaggio, Jean, *Historia de la literatura española, tomo V, el siglo XIX*, Barcelona: ed.Ariel, 1995.

Javaloyes Jiménez , Carmen , *Revista Electrónica de Literatura Realidad Literal.*

V.V.A.A.: *Historia y crítica de la literatura española. Tomo V.* Barcelona: ed.Crítica,.1982

CASALDUERO, *J.: Espronceda*. Madrid: ed.Taurus, 1983

Gustavo Adolfo Bécquer. *Rimas y Leyendas*. Editorial Burdeos.1988.

www.ingramcontent.com/pod-product-compliance
Ingram Content Group UK Ltd.
Pitfield, Milton Keynes, MK11 3LW, UK
UKHW051128260726
13967UKWH00010B/2919